나는 지금 행복합니다

이기봉 독백집 · 2

기원전

나는 지금 행복합니다

1판 1쇄 발행일 : 2025년 11월 10일

글쓴이 : 이기봉
펴낸이 : 정태경
펴낸곳 : 기원전출판사
출판등록 : 제22-495호
주소 : 서울시 송파구 토성로 38-6, 상가 304호
전화 : 488-0468
팩스 : 470-3759

ISBN : 978-89-86408-77-5 03810

<들어가는 글>

어느 노인의 고백

나의 치부를 보태지도 않고 빼지도 않고
솔직한 고백으로 마음을 열어 봅니다.

나는 알코올 중독자였습니다.
오랜 세월을 알코올에 침식되어 많은 것을 다 잃고
다시 정신을 차리기 시작한 것은 10년 전쯤
하나님을 영접하고 신앙생활과 단주모임을 통해서입니다.
이후 단 한 방울의 술도 입에 대지 않았고
하루 두 갑씩 피우던 담배도 끊었습니다.

결코 쉽지 않았지만 내가 한 것은 없습니다.
나의 위대하신 힘 하나님께서 내 기도를 들어주셨고
내 손을 잡아주신 것입니다.

첫 독백집 <완벽하지 않아도 괜찮아>를 내면서
나에게는 높기만 하던 문학이라는 벽 앞에서
많은 어려움에 봉착하기도 하였습니다.
잘 못 쓰는 글이지만 글을 쓰지 않으면 견딜 수 없는
희열을 느끼면서 지난해 6월 출간한 1집에 이어
두 번째 생각을 모아서 2집 작업을 하게 되었고,
변변치 못한 글에 욕심을 부리는 것 같아 송구스러운
마음도 들지만 조심스럽게 독자님들 앞에 내놓습니다.

많은 외로움을 달래려 라이딩 여행을 다니면서 희망을 찾았고,
시라는 형식으로 여러분들과 내 마음을 공유하고 싶었습니다.
내 삶의 고통을 끌어안고 '혼자서는 아름다울 수 없다'는
심정으로 내가 작아짐으로써 큰 울림을 찾아보려고
보고 듣고 느낀 것들을 글로 옮겨 보았습니다.

가방끈이 짧은 나는 몇 줄의 글을 쓰기도 힘들지만,
부족한 노인의 넋두리쯤으로 생각하고
독자님의 생각을 곁들여서 읽어주시면 고맙겠습니다.

끝으로 독자님들의 가정에 행복과 건강이 늘 함께 하고
소망하시는 모든 일들이 잘 이루어지길 기원하겠습니다.

2025. 10. 10.
이기봉

나는 지금 행복합니다

- 차 례 -

<들어가는 글>
어느 노인의 고백 - 3

- 1부 | 비움, 삶의 아름다운 마무리 ----- 7

- 2부 | 여행, 구름과 바람의 길이 곧 나의 길 ---- 101

1부

비움,
삶의 아름다운 마무리

내 안에는 뜨거운 시가 흐르고 있다

내 몸 안에는 피와 물처럼 용솟음치는
시가 흐르고 있습니다.
보이지 않게 감추어둔 보석 같은 생명의 언어들
끝내 햇빛도 보지 못하고 내 가슴에
숨어 있는 언어들이 하도 많아
나는 가난하게 살아도 항상 넉넉합니다.

어느 날 내 안에서 시가 쏟아지면
피를 토하고 내장까지 다 토해내고 빈 뱃속에
아름다운 시를 가득 넣어두었다 하나씩 꺼내서
그대들에게 나누어주고 싶습니다.

바다 위 해초처럼 떠다니는 싱싱한 시상들을
간신히 건져 올리면 어느새 퇴색해 버리는 그 빛깔
흘러가는 흰 구름은 덧없는 세월 속에
자취도 없이 떠나려 합니다.
떠난다는 것은 사라지는 것이 아니라
지나간 발자국을 하나씩 지우고
새로운 길을 찾아가는 것일 겁니다.

서산에 해는 지고 비울 것은 다 비우려 합니다.
비운다는 것은 포기하는 것이 아니라
새로운 시작입니다.
힘든 인고의 세월이 있었기에 오늘의 작은 기쁨으로

한여름 땡볕에 춤추는 하얀 빨래처럼
깨끗한 기쁨을 맛보고 싶습니다.

비와 햇빛이 고마워서 자주 올려다보는 여름 하늘
이번 여름에는 내 트럭 캠핑카를 타고
시골 골목길로, 산골짜기로, 푸른 바닷가로 가서
오랜 세월 파도에 시달려온 방파제 테트라포드를 향해
파도의 울음소리를 물어보고 싶습니다.
모진 파도 맞아가며 침묵하는 그의 인내를
올 여름에는 배우고 싶습니다.

2024. 7. 14.

내가 글을 쓸 수 있는 날까지만

세상에 태어난 아픔으로 인해 내 글쓰기는 시작되었습니다.
삼복더위 장마 속에서 나는 비바람처럼 사라져가야 할
내 인생에 대한 그리움을 접기로 했습니다.

아름다운 자연을 자전거에 싣고 북한강에 몸을 맡기며
춘천 소양강 처녀를 만나고 싶습니다.
언제나 미소 짓는 얼굴로 나를 반겨주는
나의 여인 소양강 처녀……

아름다운 꽃 한 송이를 피우기 위해서는
꽃의 추억을 가져야 하듯
내 영혼이 그대 곁에 머물기를 바랐지만
그대는 소양강 물속에서 나올 생각도 않고
늘 웃으면서 잘 가라 인사를 했습니다.

미처 준비하지 못한 떠나보냄은 항상 아쉽지만
난 그냥 돌아왔습니다.
사랑으로 잉태된 모든 아픔을 글로 써보려 해도
지독한 그리움뿐……

내 삶은 더 이상 지탱할 수 없는 절망의 나락으로 빠집니다.
내가 그대를 사랑할 수 있다면 난 그날까지
글을 쓰며 나를 위로하며 살고 싶습니다.

2024. 7. 19.

오늘의 받아들임

어찌할 수 없는 숙명을 그냥 받아들이면서 하늘 향해
크게 한번 웃어보고 조용히 인생을 받아들이기로 했습니다.
어느덧 세월은 많이도 흘러 몸은 지쳐 늙어 버렸습니다.
탱탱하던 종아리 근육은 흐물흐물 시들어갑니다.
그런데도 마음만은 늙기를 멈추려고 끊임없이 라이딩하며
새록새록 젊어지고자 합니다.

건강했던 옛날로 돌아가고 싶습니다. 그런데 언제까지나
젊음이 지속되리라는 생각이 착각이었음을 깨닫게 된 것은
청춘이 잡을 수 없도록 가버린 후였습니다.

오랜 세월 내 곁을 떠나지 않고 있는 외로움
너는 내 곁을 떠나서는 갈 곳도 없는가 보다.
이제는 내 몸의 일부가 되어 버린 너
외로움이 너인지 내가 외로움인지
서로를 미워하다 또 서로를 사랑하다 한 몸이 되어 버렸구나.

아름답던 추억 아팠던 추억 모두 나에게 안겨주고
떠나가 버린 너, 잃어버린 시간들
지나간 추억이 웃는 세월이었든 못 웃는 세월이었든
세월은 덧없이 흘러가는 것을……
나 또한 그렇게 흘러가는 것을……

2024. 7. 22.

해 질 무렵

외롭고 쓸쓸해도 그 고요한 웃음으로 평화로운 빈손으로
내가 아는 모든 사람들에게 살뜰한 정 나누어주고
어디론가 아무도 없는 섬으로 도망치고 싶습니다.

만남보다 빨리 오는 이별 앞에
삶은 가끔씩 눈물겨워도 아름다웠다고 고백하던,
아직도 내 안에는 당신 생각만 가득합니다.
함께 있을 때는 무심히 보아넘긴 한 줄기의 햇볕을
이토록 어여쁜 그리움으로 노래하게 될 줄이야……

내 몸과 마음을 통통 붓게 한 물기를 빼고 가벼워진 몸으로
뽀송뽀송 빛나는 마른 노래를 해 지기 전에 부르고 싶습니다.

사계절 중 여름을 제일 좋아하던 나의 옛 여인이여,
나는 오늘 달고 맛있는 수박 한 덩이 그대에게 보내며
시원한 여름을 같이 하고 싶습니다.

옛 여인이여!
이 수박처럼 물 많고 싱싱하게
어떤 시련이 와도 모나지 않은 둥근 힘으로
오래도록 건강하고 아름답게 잘 익어갈 수 있기를
아직 해 넘어가기 전 웃으며 기도해 봅니다.

2024. 7. 25.

사랑하는 딸을 위한 시

사랑하는 내 딸 지민아,
오늘은 아빠가 너를 생각하며 고백하고 싶은 말이 있단다.
아빠의 인생은 결코 평탄한 길이 아니었음을……

오르막길 돌부리에 걸려 많이도 넘어졌고
험한 깔딱고개를 기어오르려다 무릎이 깨져 피가 났지만
아빠는 멈추지 않고 올라갔다.
그 언덕을 다 올라 내리막길에서는 굴러떨어지기도 하고
모퉁이를 돌아갔으며 오랜 시간 술에 중독되어
비틀대며 걸어도 갔단다.

그러나 사랑하는 딸아,
술에 미쳐 있던 아빠는 8년이 되도록 한 잔의 술도 안 마셨고
50년 넘게 피워오던 담배도 안 피운 지 1년이 넘었구나.

사랑하는 딸아,
네가 뉴질랜드에서 오랜 시간 공부할 때
아빠는 거의 1년마다 너를 보러 갔었지.
그게 엊그제 일 같은데 오랜 시간이 흘러
신랑 경호 군을 만나 행복한 가정을 이루고
예쁘게 살고 있으니 고맙고 감사하기 그지없단다.

그러니 딸아,
너도 어떤 어려움이 오더라도 절대 주저앉거나 포기하지 마라.

왜냐하면 넌 지금 조금 힘든 것일 뿐이니까
너도 곧 그 진리를 깨닫게 될 거야.
지금 주저앉으면 절대 안 된다.
아빠는 아직까지도 험한 언덕길을 오르고 있단다.

사랑하는 딸아,
너에겐 든든한 신랑 경호 군이 있으니 많은 도움이 될 거야.
인생은 죽을 때까지 포기란 없는 것이란다.
우리의 인생은 양탄자가 깔린 화려한 길은 아니지만
언덕길에 돌부리만 있는 것은 아니니까
기적 같은 행복이 찾아올 것이고
신랑 경호 군과 아름다운 삶을 살 것이라 믿고 있단다.

아……
나는 춤을 추리라.
나는 밤새도록 춤을 추고 싶다.
하늘도 많이 보고 따뜻한 햇빛을 받으리라.
밤에는 별과 달을 많이 쳐다보며 미치도록
춤을 추고 싶다.

그 다음에는 너와 사위 경호 군을 위해
아빠가 믿는 위대하신 분 하나님께 기도하련다.
딸을 생각하며……

2024. 8. 10.

구월의 노래

더 이상은 버틸 수 없는 여름의 마지노선에서
더 이상은 미룰 수 없는 여름이 끝자락에 왔습니다.

허리 통증으로 시작된 구월의 첫날은
주일이라 병원도 못 가고
주님이 주신 아픔을 그대로 감내하면서
병원 갈 채비를 하고 있습니다.

긴 여운을 남기고 떠나버린 매미의 합창 소리 대신
귀뚜라미 소리가 정겹기만 합니다.
풋고추 익어가는 풋풋한 가을 내음 속에서
가을이 오는 또 다른 소리를 들으면서
아름답고 풍성한 구월을 맞이하셨으면 좋겠습니다.

맛있는 구월에는 늘 아름답고 행복하시길
기도로 시작해 보는 오늘입니다.
우리의 기쁨을 대신해 풀벌레가 노래할 수 있고
우리들의 가득한 사랑이 차고도 넘쳐
나뭇잎도 곱게 물들일 수 있기를……

많은 시간들이 모여 사랑과 감사의 열매를
인내와 오랜 기다림의 열매를 풍성히
쌓아 올릴 수 있기를 또한 기원하며
이 하루를 시작할 수 있고 선물로 받은

생명에서부터 온전한 몸까지
우리 모두는 하루가 선물입니다.

구월에는 누군가의 사랑 가득한,
눈물겹도록 아름다움으로 풍성한 열매가
주렁주렁 열렸으면 좋겠습니다.
그 처절했던 여름의 팔월은 벼꽃을 피워냈고
열매를 무르익게 하는 구월의 태양을 기억하며,
흐르는 강물을 있는 힘을 다해 거슬러 힘차게 올라가는
연어처럼 다시 돌아올 정열을 위해 잠시의 휴식과 함께
북한강변에 피어난 코스모스 향기를 맡으며
황금 들녘을 달릴 것을 생각해 보니
벌써 가슴은 콩닥콩닥 설렙니다.

이제 그대들과 노오란 단풍잎 깔린
덕수궁 돌담길을 걷고 싶습니다.
죽는 날까지 그대들과 동행하며
아름다운 글을 나누고 싶습니다.

2024. 9. 2.

세월의 흔적

세월이 파먹은 흔적 따라
여기저기 꾸불꾸불 여러 갈래 길이 생겨난다.
산다는 것 자체가
인생의 길을 만들어 가는 것이다.

씩씩하고 늠름했던 젊은 시절엔 무엇을 하든 자신만만했기에
무한한 꿈을 꾸며 얼마나 많은 사계절을 먹어 치웠던가?
고통의 비바람을 겪으면서 어느새 검은 머리는 백발이 되었고
이마에는 깊은 골 파여 인생의 길을 만들어 오기까지
모진 풍파 막아내며 눈물로 지샌 수많은 날들은
얼마나 서럽고 외로웠던가?

이제 아픈 그리움일랑 눈물을 거두고
든든한 주님의 자녀 되었으니
아름다운 벽에 새 창을 달고 밤하늘에는 별을 띄우고
또 태양을 맞이하며 오늘 하루만 건강하게 살자.
내일 일은 또 내일 만들어 가면 된다.

눈 부신 햇살에 아팠던 기억들
가을하늘 향해 삼켜 버리고
꽃망울 힘차게 터트린다.

2024. 9. 5.

추석 편지

고향을 향한 그리움에 정신은 맑아지고
옛 친구들 향한 그리움에 마음이 깊어지는 추석
보고 싶어도 볼 수 없는 친구들이 많아졌고
많은 것들이 떠나가 버린 추석

순하고도 단호한 바람의 말에 귀 기울이며
인생을 사랑하고 사람을 사랑하고 또 용서하며
산길을 걷다 보면 툭툭 떨어지는 알밤 소리
내 안에서 조심스럽게 익어가는 참회의 기도를 닮았네.
도토리만 한 나의 꿈, 밤 한 톨만 한 기도를 가슴에 안고
들길을 걷다 보면 이제 막 고개 숙여 익어가는
황금빛 벼 이삭이 겸손을 알려주네.

모든 사람들이 가족 되어 사랑의 인사 나누는 한가위 명절
이승과 저승의 가족들이 함께 그리운 날
감사와 용서를 함께 배우는 날

힘든 중에서도 함께 살아갈 날을 둥근 달님에게
소원 빌어보며 조금 더 착해진 마음으로
오늘 하루를 잘 살아가면서……
더도 말고 덜도 말고 내년 추석에도
한가위 보름달을 맞이했음 좋겠다.

2024. 9. 16.

가을 노인

높고 푸른 가을하늘 아래
시원한 가을바람이 부는 오늘
나는 그냥 글을 쓰고 싶다.
다른 사람 이야기가 아닌 내 이야기를,
그래서 나 속의 나를 만나고 싶다.

진실과 맞닿은 빛과 그 속에 숨은
아픔의 상처들을 통해서 생겨난
판이하게 달라진 나를 달래주고 위로해 주고 싶다.

누구에게도 보여주고 싶지 않은
나 혼자 가슴속에 간직한 어두운 그림자
거울을 들여다본다.
애써 웃어보려 하지만 우울한 백치 같은 모습이다.

빛을 찾다 지친 희뿌연 눈동자 속에
활활 타오르는 광기 어린 눈빛을 본다.
금방이라도 자전거를 끌고 어디론가 떠나고 싶은
욕망이 이글거린다.

내가 찾고 갈구하는 것은 무엇인가?
소유했다고 믿었던 가을의 빛을 찾아 소리 지를 것 같다.
나약함과 초라함을 벗어 던지고 무대의 광대처럼
미친 듯이 춤추고 신바람나게 노래하며……

또 어떤 날은 조용한 강가에 앉아 글을 쓰고 싶다.
아침에 계획했던 일들이 하루 해가 넘어가기도 전에
분노하고 화내며 경박하기 이를 데 없는 나를 보고
깜짝 놀랄 때가 많다.

흩어진 낭만과 꿈의 날개와 부서져 버린 내 말의 조각들이
가을바람에 뒹구는 내 마음속에 자리잡고 있다.

겨울이 오기 전 내 마음에 평화가 왔음 좋겠다.
아름다운 가을 여행을 하고 온 지 이틀밖에 안 되었는데
또 어디론가 길 떠나고 싶은 이 심정
붙잡아둘 수 없는 역마살인가?

2024. 10. 10.

슬픔 그리고 이별

내 가슴 깊은 곳에 숨어 있었던 것이 너였구나.
내 마음을 흔들며 갈팡질팡했던 것이 아픈 슬픔 바로 너였구나.

너를 찾으려고 동해안 파도를 헤치고
황금 들녘 구석구석 찾아 헤맸던 것이 바로 너였구나.

내 가슴의 슬픔 너를 두고 도망치려
자전거를 타고 쏜살같이 페달을 밟았는데
어느새 너는 내 자전거에 매달려 나를 따라오고 말았구나.

감사로 항상 너를 떨쳐버리지만
네가 나와 함께 살려 하는 것은
슬픔을 통해서 아픔을 이겨내고 기쁨을 맛보게 하려고
나한테 붙어 있는 것이구나.

슬픔 또는 허무 같은 것
신앙생활을 하고 하나님을 섬기면서
너를 데리고 산다는 것이 내 신앙에 문제가 있지만
네가 있기에 난 글을 쓰고 고독을 즐길 수 있다.
내 안에 있는 슬픔이여,
내 안에서 나를 흔드는 슬픔이여,
이제 우리는 작별할 시간이 된 것 같다.

바다가 우는 소리를 나는 들었다.

가을 황금 들녘이 소곤소곤 속삭이는 소리를
나는 들었다.
슬픔을 만나 함께 하면서
나는 슬픔보다 더 크게 운 적이 많다.

너를 떠나보내기가 아쉽지만
이제 작별을 할 때가 되었으니
흔적도 없이 너를 팽개치고
희망과 감사를 만나러 떠날 것이다.
그리고 이제 울지 않으리라.

2024. 10. 13.

아픈 나의 소망

햇살이 넘어가는 노을이 엷을 때 작별 인사를 했다.
애착을 가질 때 눈물이 생기듯, 떠나보내야 할 때
붙잡으려고 하면 얼마나 더 슬픈 일이냐?

가을에 떠나보내야 하는 것이 어찌 낙엽뿐이겠는가?
산이 물들어 떠나가고 강물도 흘러가고
때때로 달달했던 바람도 사라지고 시간도 떠나가 버렸다.
사는 것이 별것도 아닌데 매일매일 죽음의 길로
걸어가는 것은 슬픈 일이다.

나는 아프다.
바람처럼 왔다 바람처럼 떠나가는 허무함 때문은 아니다.
슬픔을 안고 태어나서 아픈 것도 아니고, 그렇다고
외로움과 함께 살아서 아픈 것은 더욱 아니다.
글을 쓰는 사람이기에 아파야 했다.
한 줄의 시를 쓰려면 많은 밤을 꼬박 지새우고
죽을 만큼 아파야 글을 쓸 수 있었다.

비 오는 날은 우중충해서 글을 쓸 수가 있었고
눈비 오는 날은 눈비를 맞으며 글을 쓸 수가 있었다.
바람 속에 시가 있고 눈비 속에 시가 묻어 있었다.
사람들 속에 섞여 있으면 사람 냄새로 아프고
길 위에 서 있으면 길의 끝이 보이지 않아서 아프고
흐르는 강물을 보면 흘러가는 게 보여서 더욱 아팠다.

내 삶 속에 시가 숨어 있고
내가 가야 할 길가에는 시가 널려 있었다.
시인의 눈으로 보면 안 보이는 것이 보이고
시인의 귀에는 아주 작은 새소리도 들리기 때문이다.

누가 내 인생을 훔쳐 갔다.
범인은 밖에 있는 도둑이 아니라 내 안에 숨어 있던 시였다.
넉넉할 것도 없고 넉넉하지도 않은 내 그리움을
가을 햇빛에 젖은 옷 말리듯 널어 두었다.
칙칙했던 그리움의 알갱이들이 탱글탱글하다.
휘영청 밝은 보름달이 창문에 걸려 있고
올가을 내내 낮에는 자전거 타고 강으로,
밤에는 강물에 떠내려온 시를 주워서 글을 쓰면서
이 가을을 보내고 싶다.

천형의 타고난 아픔이니 어찌하겠는가?
글쟁이로 태어나 시인의 모습으로 살고 싶은 끝없는 욕망,
아픈 만큼 아프고 슬픈 만큼 슬픈 시 닮은 글을
내 인생에 남겨놓고 먼 훗날 책장에 먼지가 쌓인 채
어쩌다 손에 잡힌 내 책 속의 글들이 나를 기억해낼 수 있다면
많은 밤을 수없이 죽여버린 날들이,
보람 있는 내가 남는 것이다.

새벽이 밝아 온다.
펜을 놓고 예배당으로 새벽기도나 가야겠다.
가을은 떠나가도 시는 남아 있는 것이다.

2024. 10. 17. 새벽 4시 10분

깊어가는 가을

나뭇잎이 빨강 노랑 갈색으로 물들기 시작하면서
가을은 벌써 중부지방까지 내려왔다.
내 가슴속 어디선가 불어오는 바람이 거리를 헤매고
외로움은 외로움대로 그리움은 그리움대로
낙엽과 함께 뒹굴며 뒤섞여 간다.

결실의 계절 한 모퉁이
공원 벤치에서 떨리는 속삭임을 하고
가을이 푸른 하늘로 떠나갈 무렵
호주머니 깊숙이 두 손을 찔러넣은 사내는
골목길을 배회하며 외투 깃을 올리고,
여인들은 머플러로 얼굴을 숨긴 채 소리 없이 사라진다.

잔설이 내린 머리카락 바람에 날리며
얼마 남지 않은 세월을 몰고 가는데
노을이 물든 눈동자에는 사라진 꿈들과 눈물이 흐른다.
깊어가는 가을밤 그림자가 더욱 짙게 느껴지는 것은
삶의 애착 때문일까?

잊혀져 가는 세월 속에 이마 주름은 굵게 접히고
꾹 닫은 입술에는 숱한 대답이 있을 듯도 한데
노인의 모습은 어디론가 슬며시 사라져 간다.
가을이 깊어가고 바람이 부는 날 가을이 와서
낙엽이 되는 날 온 하늘은 푸른 바다가 되고

모든 사람들은 또 다른 계절로 떠나고 싶어 하는 것이다.
시인들은 가을에 시심이 많아지고 명상하기 좋은
가을하늘의 구름처럼 떠돌아다니고 싶다.

봄날이나 여름날에 먹는 한 잔의 커피보다는
낙엽 떨어지는 가을날의 커피 한 잔,
여인과의 속삭임이 긴 여운을 남길 것이다.
나는 가을이 좋다, 그리고 사랑한다.
가을은 혼자 있어도 멋있고 둘이 있으면 낭만이 있다.
글쓰기를 좋아하는 나는 그대에게 편지를 쓰고
조용히 사랑의 기도를 드리고 또 시를 쓰면 된다.

이제 가을은 점점 깊어갈 것이다.
귀뚜라미 울어대고 달빛은 맑아지며
차가움 속에 아름다운 별들이 총총히 모여 빛날 것이다.

가을!
이 가을을 사랑하고프다.
가을밤이 깊어간다.
사랑한다, 가을아!

2024. 10. 21.

가을에 쓰는 편지

맑고 푸른 가을하늘, 그리움에 눈이 맑아지고
당신 향한 그리운 마음이 깊어지는 계절
가을 숲 벤치에 앉아 새소리 들으며 청명한 하늘을 바라봅니다.
한여름 뜨겁게 불볕처럼 타올랐던 내 마음을
서늘한 가을바람에 식히고 외로움에 젖다 보면
한때 다정했던 당신에게 편지를 쓰고
눈 감고 조용히 기도드리며 시라도 쓰고 싶습니다.

살짝 쌀쌀해진 바람의 말에 귀 기울이고
인생을 사랑하고 나를 용서하면서
말로는 다할 수 없는 살아 있음에 감사의 축복입니다.
가을이여! 사랑이여!
가을이 내게로 와서 바람이 되는 날,
가을이 내게로 와서 낙엽이 되는 날,
온통 하늘은 푸른 바다가 되고
당신은 또다시 겨울로 떠날 채비를 하시나요?
우리네 인생은 늘 만나면서 떠나고 살아가기 때문입니다.

가을 길에 줄지어 선 코스모스처럼
내 마음 길에 수없이 한들거리는 시심의 꽃잎들
지는 노을 바라보듯 조심스런 눈빛으로 매일을 살아갑니다.
당신과의 만남은 저 노을처럼 짧게 스쳐 가는
황홀한 순간과 긴 안타까움의 순간들을 남겨놓고
떠나가려 하십니까?

그러나 돌아오십시오.
오늘도 저 붉고 아름다운 노을처럼
내게로 어서 오십시오.

사랑하는 당신이여
나는 당신을 편히 쉬게 하고 싶습니다.
삶에 지친 당신을 가을의 무릎 위에 눕히고,
오래도록 당신을 잠재우는 가을바람이 되고 싶습니다.
아무래도 혼자 걷기에는 숨이 찬 세월
당신이 잠에서 깨어나면 황홀한 저녁노을 지는 둘레길을
손 꼬옥 잡고 가을을 걷고 싶습니다.

익어가는 가을 빈 벤치 위에 떨어지는 나뭇잎을 바라봅니다.
조금은 서운한 마음으로 떨어져 나가는
나의 시간들을 지켜보면서……

2024. 10. 24.

잘 가거라, 시월아!

햇살이 생각보다 따사로울 때 손을 흔들어야 했다.
사랑의 마음이 가득할 때 보내주어야 한다면
더욱 슬픈 일이다.
잘 가거라, 시월아!
추락하는 낙엽의 추억들아!

모두를 사랑하는 산과 강물과 하늘과 님들이여,
우리가 서로를 알았을 때 눈인사를 나누고
돌아서면 얼음처럼 차가워졌었지.
잘 가거라, 시월이여!

가죽점퍼 걸치고 걷기에도 버거운 세상
그대가 내 가슴에 꽃이라 한들
너는 이미 흘러가고 있는 강물이 아니었던가?
잘 가거라, 시월이여!

알록달록 낙엽을 조심스럽게 뿌려놓은
반듯하게 누워 있는 길
겨울로 서 있는 나무
이미 나무는 반쯤 옷을 벗어버렸고
나무 밖의 세상으로 한 발짝씩 내디뎠다.
낙엽이 진다.
시월이 떠나간다.

더불어 살아도 외로운 가을 난 혼자서 떠나고 있다.
은행잎 가득한 용문산 계곡에서
잊혀진 그대를 그리워하며 낙엽을 밟았다.
뒹구는 나뭇잎과 아직 체온이 남아 있는
떠나가는 시월을 그리워하며 낙엽을 차며 걷고 있다.

어떻게 하면 이 짧은 가을 햇살을 맛나게 즐길 수 있을까?
며칠 전 서점에 가서 노벨문학상을 받은 한강 작가님의
작별하지 않는다, 소년이 온다, 서랍 속에 저녁을 넣어두었다,
몇 권을 어렵게 구입했다.
노랑 빨강 물들인 벤치에 앉아 활자 냄새 나는 책을 더듬는다.
한이 서린 한민족의 설움을 가을 햇살이 사기꾼 혓바닥으로
독자들의 눈을 뒤집어놓았다.

아! 떠나가는 시월이여!
나의 가을은 일찍 서리를 맞은 나뭇잎처럼 하나둘 떠나고 있다.
그리워해야 할 그대들을 내 가슴으로 안으며
가을의 길목에서 적당히 외로워지려는 연습을 시도해 본다.
넉넉하지도 않고 가난하지도 않은 내 호주머니 속에서
그리움을 한 움큼 꺼내 가을 햇살에 말려놓았다.

그리움의 알갱이들이 탱글탱글하다.
시월아! 네가 있어서 행복했었다.
잘 가거라, 시월이여!

2024. 10. 31.

내려놓음

이젠 내려놓고 살아야겠다는 생각이 들 때면
왠지 서운하고 슬픈 마음이다.
아직도 자전거길을 한참 달릴 수 있는데
일손을 놓는다는 것이 더욱 슬픈 일이다.

누가 보아도 아직 건강하고
몇 년쯤은 거뜬히 일할 수 있는데
다 팽개치고 매일 들로, 강으로 라이딩하며
자연을 만나고 오손도손 얘기하며
다디단 공기를 마시는 자유로움

우리는 잠시 세상에 소풍 나와서
머물다 떠나가는 나그네
네가 보고 있는 것은 나의 흰 뭉게구름
내가 보고 있는 것은 너의 흰 뭉게구름
각자의 자리에서 세상을 보면 된다.

내려놓아야 할 때 못 내려놓는 것은
참으로 안타까운 일이다.
좀 부족하고 완벽하지 않으면 어떤가?
생긴 그대로 남 앞에 섰을 때 교만하지 않고
뒤에 섰을 때 비굴하지 않은 당당한 사내
그런 사내가 되고 싶다.
옳지 않은 일은 마땅히 하지 않고

사랑할 것은 당연히 사랑하는
그저 보통의 사내로 살고 싶다.

내 삶이 얼마나 남았을까 걱정하지 말고
그저 오늘 하루를 즐기면서
내일은 없는 듯 살고 싶다.
최선을 다하는 하루의 삶, 그러한 나를
내가 안다는 것이 더더욱 안타까운 일이다.

다 내려놓아야 한다.
저녁 무렵 돌아갈 집이 있고
배가 고플 때 먹을 것이 있다는 것
이 얼마나 감사한 일인가?
외로울 때 혼자서 글을 쓸 수 있다는 것
이 얼마나 행복한 일인가?

2024. 11. 12.

버려지지 않는 것들

내 무거웠던 짐들을 버리고 싶었지만 끝내 버려지지 않고
결국 지금까지도 버리지 못한 채 질질 끌며 여기까지 왔다.
그래도 많이 버렸다고 생각했는데 아무리 버려도
어느새 뒤따라와서 내 등 뒤에 걸터앉아 배시시 웃고 있는,
버리면 버릴수록 더욱더 무거워져 비틀거리게 한다.
세 살 버릇 여든까지 간다는데
지고 갈 짐들이 자꾸만 늘어난다.

가랑비 무게를 못 견디고 떨어지는 감나무 이파리,
주황빛 얼굴 내 마음도 떨어지는 것 같다.

오늘 하루는 힘들게 갔다.
무거운 짐들을 버렸지만
아직도 내 안에 있는 짐들이
힘겹게 내 어깨를 짓누른다.

명예도 늙은 명예가 더욱 단단하고
결이 곱게 반짝이는 법이란다.
인생, 끝까지 가볼 일이다.
그 길 끝에서 박수를 받으려면
등짐을 끊임없이 버려야 한다.
진정한 영웅은 늙은 영웅, 바로 그대들의 것이다.

내가 살아왔던 긴 세월 속으로

다시 돌아갈 수 없다는 걸 알기까지는
많은 시간이 필요했다.
어제 거기도 아니고
내일 저기도 아니고
오늘, 지금 여기가 주님 계신 곳이다.
가진 것은 없지만 감사로 가득한 하루

주여, 저는 당신을 믿고 사랑하고 있나이다.
저를 고쳐서 쓰시든지, 버리시든지
주님 뜻대로 하옵소서.

2024. 11. 15. 새벽에

겨울이 오는 길목에서

늘 채우고 싶은 욕망인가
물 빠진 갯벌엔 허전함이 늘 남아 있다.
알고 보면 인생은 별것도 아니고
다 거기서 거기인 것을……

내 안에 있는 또 다른 내가 나를 들들 볶고 있다.
겨울을 재촉하는 비가 라이딩 길을 막아섰고
내 마음속은 온갖 잡초가 돋아나고 엉겅퀴가 자라난 듯
아무것에도 집중할 수가 없다.
나 자신이 산산조각 나고 갈기갈기 찢겨서
흐트러질 대로 흐트러진 것만 같다.

약간의 초조함에 조그만 우산을 들고
도망치는 가을을 잡으러
텅 빈 오솔길 수북이 쌓인 낙엽을 짓밟고 발로 차며
떠나가는 가을의 정취에 번뇌를 버렸다.
쓸쓸한 낙엽 쌓인 오솔길을 홀로 서 있듯
쓸쓸함과 허전함만 쌓여 찾을 것 없는 거리를
배회하며 걸었다.
의욕도 자신감도 없어 나에게 다가오는
예감들을 대처할 수가 없다.

내 삶에 방향등도 브레이크도 모두 고장났고 목표도 없다.
어디서건 내가 가고 싶은 곳으로 가다가

지치면 털썩 땅바닥에 주저앉아 쉬면 된다.

힘들고 지치고 고달픈 날들도 함께 가며
인생은 고행이 아니라 여행이라 생각하고
외로울 때 혼자서 콧노래를 부를 수 있다는 것
오늘도 나는 멀리 오솔길을 걸으며
낙엽들과 어울려 놀았다.

실개천이 흘러간다.
내가 갖지 못한 것을 가지고 흘러간다.
실개천이 울면서 간다.
내가 버리지 못한 것을 버리면서 울며 간다.
너와 나의 공통점은 외톨이라는 것이다.
그래서 나는 혼자서 너를 찾아왔다.

사람들이 가득한 곳에서도 외로움을 느낀다.
어둠이 가득하여 빛을 찾아가고 싶다.
그리움을 채우고 싶어
너의 마음을 빼앗아 버리고 싶다.

2024. 11. 16.

다가오는 겨울

낮 길이가 많이 짧아졌습니다.
서리 맞은 배추가 김장을 재촉합니다.
들판 위의 나목들, 산자락 아래 몇 채의 집들 위로
눈이 올 것 같은 잿빛 하늘이 보입니다.

세상에 태어나서 내가 받은 가장 커다란 선물은
오늘, 바로 지금입니다.
그 선물 중에서도 가장 보람있고 아름다운 선물은
바로 당신입니다.
스무 살 혈기 왕성했던 시절의 아름답던 저녁노을이
칠십을 바라보는 노인이 되고서도 또다시 아름다운 것은
참으로 소중한 나의 삶이었습니다.

살아갈 날들이 살아온 날들보다 매일 짧아지지만
항상 내 가슴 속에는 당신이 있어 더욱 행복하답니다.
아직도 낡은 자전거가 있고, 들로 강으로
언제고 달릴 수 있는 나는 행복한 사람입니다.
시간이 더 가기 전에 더 많이 라이딩하고
시간이 더 가기 전에 더욱더 당신을 사랑해야겠습니다.

아직도 옷장 속에 있는 예쁜 옷들
잔칫날, 결혼식장 갈 때 입으려고 아끼지 마세요.
철 지나면 유행 지난 헌 옷이 된답니다.
내 마음 또한 아끼지 마세요.

어디론가 여행을 떠나고 싶을 때
차표 한 장 손에 들고 떠나세요.

마음속에 남은 사랑하고픈 마음,
누군가가 그리워지거든 주저하지 말고
마음도 주고 사랑도 하세요.
아끼고 늦추다 보면 어느새 내 마음도
물기도 마르고 노인이 된답니다.

눈물 글썽일 슬픈 일이 있다 한들
그게 무슨 대수겠어요?
지금도 그대 앞에는 떠나가는 가을이 있고
좋은 사람이 있을 겁니다.
떠나가는 가을을 마음껏 즐기면서
기 죽지 말고 힘을 내세요.

서걱대는 갈대숲 기슭에서 벗은 발로 헤엄치는
저 겨울 철새들처럼 힘차게 하늘을 가르고
어디든지 날아가 보자구요.

2024. 11. 21.

행복한 노년의 삶

희망찬 날을 꿈꾸기엔 너무 많이 와버린 세월,
부족하지만 조금 넉넉한 배려심 있는
노인으로 살고 싶습니다.
티끌 같은 욕심을 버리고 노여움을 버릴 때마다
내 마음에 평온함이 찾아옵니다.

늙어가면서 겨우 정신을 차리고 보니
많은 것을 잃어버렸습니다.
이제 버리고 갈 것만 남아 홀가분하지만
그 속에서 나는 글을 쓰기 시작했습니다.
내가 삶의 희망을 잃지 않고 삶의 끈을 붙잡은 것은
남몰래 시를 쓰기 시작했기 때문인지도 모릅니다.

라이딩하며 들과 강, 산에서 주워 온 시를 써내려 가면
굶주림 속에도 풍요로움이 느껴집니다.
낡은 자전거 하나만 있으면
온 천하는 내 것입니다.
지치고 힘들었던 지난 삶이 없었다면
오늘의 나는 없었을 것이고
내 자신에 대한 믿음도 없었을 것입니다.

앞으로의 삶이 어디로 가는지
어디에서 흩어질지 모릅니다.
화면 같은 현실, 현실 같은 화면

오직 오늘 하루만 겸손 정직하게
감사하며 살고 싶습니다.
아직도 나에게는 튼실한 두 다리가 있으니
하늘과 산, 들, 강가에 핀 들꽃들
모든 것이 내 차지입니다.

작은 일에도 옹졸하지 않게
내 마음을 다스리며 살겠습니다.
지난 일이 아무리 좋았어도, 또 아무리 힘했어도
다시는 돌아오지 않을 시간들입니다.
세상에는 공짜도 없고 내 뜻대로 되는 것은 없습니다.
오직 내 뜻과 의지와 생명을 주님께 맡기고
잔고의 삶을 마무리하겠습니다.

2024. 11. 26.

첫눈

네가 오기를 얼마나 기다렸는데
모두 잠자는 시간에 쏟아지는 눈꽃 송이가 왕방울만 하다.
이제 막 새벽으로 넘어가는 0시 20분
네가 온다는 일기예보를 보고 목마르게 기다렸는데
깜깜한 내 마음에 흰 눈이 쏟아진다.

가로등 밑으로 떨어지는 흰 눈은
어느새 각종 차들을 하얗게 덮어 버리고
겨울 나목 나뭇가지 위에도 쌓이기 시작한다.
너의 하얀 마음이 내 마음을 감싸안았다.
몇 날 며칠을 네가 보고 싶어 목이 말랐던 내 마음,
깜깜한 마음에 눈이 되어 내리고 있다.

이른 겨울날 컴컴한 자정을 먹어 치우고 새벽으로 가는
길목에서 내 가슴에 하얗게 피어나는 설렘의 눈꽃
오래 머물지 못해도 아름답고 순결한 눈처럼 오늘을 살고 싶다.

주님께 받을 은혜만큼 소리 없이 소리 없이 쏟아지는 눈,
순백의 눈처럼 깨끗하고 정직하게 겸손하게 살고 싶다.
나는 하얀 기쁨을 뒤집어쓴 하얀 눈사람이 되었다.
아침이 되어 눈을 뜨면 온 세상 하얗게
눈부신 설원에서 아침 해를 맞고 싶다.

       2024. 11. 27. 새벽 0시 50분 쓰다.

첫눈 산행

겨울나무 가지 위에 소복이 쌓인 눈이 작은 바람에 흩날리고
떡갈나무 가지에 붙어 있던 흰 눈이 후드득 떨어진다.

겨울 햇살 반짝이며 사라지는 흰 눈이여,
차갑고도 따스하게 송이송이 눈꽃 송이
한 편의 시가 되어 내린 눈들이 흩날려 간다.

눈 나라의 흰 평화는 나에게 평온함을 준다.
등산화를 덮고 무릎까지 올라온 흰 눈을 걷어 헤치며
목화솜 같은 눈 위에 벌러덩 누워버렸다.
하늘을 본다, 유난히 맑은 하늘
그리고 따사로운 겨울 햇살에 눈을 감아버렸다.

첫눈 위에 첫 그리움으로 내 육신을 찍어내고
맑고 순한 눈빛의 새 한 마리가
나뭇가지 위에서 기침하며 나를 내려다본다.

녹지 않은 꿈들일랑 그냥 얼음으로 남기고
누워서도 잠 못 드는 하얀 침묵으로 깨어 있을까?

평생을 오들오들 떨기만 해서 가여웠던
해묵은 그리움도 포근히 눈밭에 눕혀놓고
하늘을 보고 싶네.

아~~
혼자서는 감당 못할 사랑의 말들은
내 가슴 속으로 녹아내리고
나는 그대로 하얀 눈물이 되려는데
누구에게도 말 못할 한 방울의 피와 같은 아픔도
눈밭에 다 쏟아놓고 가리라.

하얗게 피어날 줄밖에 모르는 눈꽃처럼
그렇게 단순하고 순결한 사랑을
그대와 둘이서 하고 싶네.

2024. 11. 28.

이렇게 살겠습니다

아무런 집착 없이 하루를 살아가고
가진 것 없어도 궁핍하게 살지 않으며
자기를 다스릴 줄 아는 사람으로,
모든 속박을 끊어내고
괴로움과 욕망이 없는 사람으로,

시기와 원망과 잡념의 번뇌를 벗어던져 버리고
맑은 정신으로 살아가는 그런 사람으로,
거짓 없고 자만심도 없고
어떤 것을 내 것이라 주장하지 않는 그런 사람으로,

조그만 지식으로 아는 척하지 않고
그냥 들어주고 자기를 의지하며 세상을 살아가는
모든 일로부터 태연해진 그런 사람으로,

이것이 마지막 생이고
더 이상 태어남이 없는 그런 사람으로,
평온한 마음을 즐기고 생각하며
언제 어디서나 깨어 있는 그런 사람으로,

누구에게나 물 한 잔 건네주는 그런 마음으로,
목마른 마음으로 그렇게 살겠습니다.

2024. 11. 29.

그대와 나는

내 키만큼 높이 쌓여 있는 마음의 담을 허물고 싶습니다.
한 칸 한 칸 허물어 당신의 모습을 보고 싶습니다.
예쁜 글 속에 숨어서 그 모습 보고 싶어
애타게 그리워했는데 이제야 그 모습 보이니
내 마음의 담을 허물어 버리고 길을 만들고
예쁜 꽃을 심고 싶습니다.

그대가 강물이라면 나는 그 물결 따라 흘러가는 나룻배이고,
그대가 하늘이라면 나는 함께 떠도는 구름이고 싶습니다.
그대가 밤하늘이라면 나는 그 밤하늘에 떠 있는
아름다운 별들이고 싶습니다.
그대가 아침이라면 나는 그 아침을 비춰주는
투명한 햇살이고 싶습니다.

그대와 마주치는 그 눈빛만으로도 터질 것 같은
내 마음을 보셨나요?
내가 비록 가진 것은 많지 않을지라도
그대를 향한 그리움에 내 모든 정성 다해
그대를 사랑하고 싶습니다.
그러니 당신은 가장 편안한 마음으로
지금처럼 예쁜 글을 나에게 보내 주십시오.
이것이 내가 그대에게 드리는 고백의 글입니다.

2024. 12. 10. 새벽에

당신은 내게 있어

당신을 처음 만나던 날 너무도 흥분되고 좋았습니다.
선한 눈빛 해맑은 웃음 다소곳한 한마디 말 속에도
따뜻한 배려가 내 가슴을 소년으로 돌아가게 했습니다.

식사도 하고 차도 마시며 직지사 둘레길을 함께 걸을 때
마치 오랫동안 알았던 친구처럼 내 마음 평온했습니다.
많은 대화는 안 했지만 내가 하는 말들을
살짝 미소 띤 얼굴로 잘 들어주고
어떤 격식이나 체면치레 없이 그대로 보여주는
솔직담백함이 내 영혼을 그대 가슴속으로 묻어 버렸습니다.
당신이 내 마음을 깊이 읽어주는 것만 같아서
둥지 잃은 새가 새 둥지를 찾은 것처럼 포근했습니다.

짧은 만남이었지만 기쁘고 즐거웠습니다.
진정으로 같이 글을 쓰고 마음을 나눌 수 있는
당신을 만난 것은 하나님이 주신 은혜입니다.
멀리 있지만 나를 희망이 되게 하는 그대여!
나는 떠도는 구름 되어 당신에게 다가갈 뿐입니다.
남몰래 숨길 수 없는 내 사랑의 숨결을 구름에 실어
혹여라도 당신이 지나가는 바람결에라도
그대에게 다가가고 싶음입니다.

내가 있는 이곳은
지금 눈이 내리고 있습니다.

얼마 전 첫눈이 오던 날
당신과 톡을 나누며 행복에 젖어 있었는데
그대의 그리움이 창문 넘어 눈꽃 송이 되어
내 가슴으로 내리고 있습니다.

누구를 사랑하는 것은 내가 사랑받는 것보다
더 많이 행복한 것 같습니다.
그래서 나는 사랑을 고백하는 글을 쓰며
그대 곁으로 가고 싶습니다.
설령 내가 쓰는 글이 이 세상 마지막 인사가 될지라도
나는 그대를 벗으로 여인으로 삼았으므로
나는 진정 행복합니다.
그대는 함께 있으면 있을수록 더 좋은 사람입니다.

2024. 12. 16.

흘러가는 대로 살겠습니다

언제나 내 모습 그대로 한결같은 마음으로
힘든 고난과 시련에 부딪혀도 흐르는 시간 앞에 서겠습니다.
잘난 척하지도 않고 좌절하지도 않으며
항상 욕심 없는 마음으로 지금에 감사하며 살겠습니다.
행복했던 날들도 고통스러웠던 날들도
흐르는 시간 앞에 내어놓고 내 모습 그대로 살겠습니다.

바람을 가르며 북한강 라이딩할 때면
강가의 안개가 천천히 걷히는 것들을 뒤로 하고
못다 한 이야기들, 그대의 웃음소리가
감은 두 눈 위로 소리 없이 흐릅니다.
싱그러운 웃음을 나누던 저 산들도 그대로 남겨놓고
혼자서 묵묵히 북한강을 따라 흐르겠습니다.
만일 그대가 강물이라면 나는 그 물결 따라
라이딩하며 두물머리까지 단숨에 가겠습니다.

차마 부르기도 아까운 그대 고운 님이시여!
숨결같이 언 땅을 헤집고
희망의 뿌리로 남몰래 이는 사랑,
황량한 이 겨울에도 따스할 수 있음은
가슴 깊이 묻어둔 불씨 하나 오롯이 키우기 때문입니다.
그 누군가를 내 가슴에 넣어 놓는 일은
그냥 이유 없이 행복합니다.

그대가 나를 좋아하지 않는다 해도
누구를 눈부시게, 펄펄하게, 때로는 울먹하게
그리워하는 것은 얼마나 아름다운 일인지 모릅니다.

이 겨울이 이렇게 오고
또 아무 일도 없었던 듯이 간다 해도
나도 저 북한강처럼 도도하게 흐르겠습니다.
내 머리 위에 맑은 하늘이 날마다 맑지는 않지만
가끔씩 잿빛 구름 몰고 와 하얀 눈 내리듯이
내 마음도 날마다 맑지만은 않습니다.

2024. 12. 18.

눈 오는 동짓날

사방이 온통 흰옷으로 갈아입은 산과 들녘
시퍼렇게 살아 있는 심장 뛰는 소리와
발에 밟히는 흰 눈 뽀드득뽀드득
아무도 밟지 않은 산길을 등산화로
도장 찍으며 정상을 향해 전진한다.

언제나 기다림 그윽한 산기슭
그늘진 나무 틈에 그대 향한 날들 속에
그리움으로 피어난다.

그대를 생각하며 아득한 산길을 걸어왔는데
그대의 발자국은 없고
한 사람 것만 외롭게 찍혔다.

황홀한 눈길을 걸어
가파른 언덕길 오르내리면서
그대 생각하며 함께 왔는데
뒤돌아보니 여전히 발자국은 내 것만 찍혔다.

2024. 12. 21.

갑진년 끝자락에서

한 해의 끝자락에서 빈 마음으로 걷게 하소서.

말라붙은 풀 한 포기 앙상한 나뭇가지들 외면하고
주머니 깊이 손 찔러넣고 왕숙천 둑길 걷다가
끝내 집으로 돌아오는 길, 빈손이게 하소서.

내 어깨가 어둠 속으로 사라져가고
내 발자국이 어둠 속에서 따라오고
이 겨울이 다 가기 전 나를 위한 것은
하나도 남김없이 갑진년 끝자락에 다 버리고
을사년 새해에는 빈 마음으로 빈손으로
맨발 벗은 구름 아래 헐렁한 마음으로 왕숙천을 걷게 하소서.

이 겨울에는 혼자 몸져누워
창문 틈으로 성한 사람들 떠드는 소리를
귀동냥해서 듣게 하소서.

애당초 아무것도 바라지 말 것을
너무 많은 것을 꿈꾸다가 아무것도 찾지 못하고
빈손으로 돌아온 갑진년 끝자락!

2024. 12. 29. 잠 안오는 밤에

을사년 첫날의 소망

떡국 한 그릇 먹고 나이도 한 살 더 먹으니
깊이 파인 주름 하나 더 늘고 반백이 되어 버린 노인
나는 내가 작아질수록 하나님 음성이 잘 들립니다.
왜 비워야 하는지 힘 없어지고 나이 먹어서야 알 것 같습니다.
밀알 한 알이 땅에 떨어져 썩어야만 많은 열매가 맺듯이 내가
죽어야만 다시 사는 법을 많은 세월이 흘러서야 알았습니다.

나는 슬프지 않은 것처럼 남은 세상을 살고 싶습니다.
여유 있는 삶은 아니지만 나만의 자유로움에
기뻐 못 견디는 것처럼 밝게 웃으면서 살고 싶습니다.

을사년 한 해를 맞이하면서 새해의 언약을 해봅니다.
나를 비우겠습니다.
먼저 사랑하고, 먼저 감사하겠습니다.
진정한 내 마음에서 우러나오는 감사의 마음이야말로
내 삶을 아름답고 풍요롭게 해줄 것입니다.

이래도 감사, 저래도 감사, 그러함에도 감사!
감사는 나를 살리는 원동력이고 감사를 노래할수록
내 안에 행복도 넘친다는 것을 잘 알면서도
그동안 감사를 소홀히 했습니다.

세월은 쏜살같이 다가오는데 나는 게으르게 뒤처지는
어리석음을 후회하고 후회하면서 새해에는

착한 마음으로 해맑은 웃음으로 한 마디 한 마디 말에도
따뜻한 배려가 있는 편안한 사람이 될 것입니다.
습관적으로 불평불만의 말이 나오려 할 때 의식적으로
고마운 일부터 챙겨보는 성실함을 잃지 않겠습니다.

배움도 짧고 가진 것도 별로 없어 내세울 것 하나 없는
부족한 사람이 눈 크게 뜨고 위를 쳐다보며 살아왔음을
이제야 조금 깨우치게 되었습니다.
을사년 새해에는 좀 더 낮아지는 훈련을 하겠습니다.
더 낮은 자세로 겸손을 가슴에 새겨 보겠습니다.
나의 첫 마음은 촛불만큼 뜨겁습니다.
겸허히 두 손 모아 기도하는 나의 마음 또한 뜨겁습니다.

나의 모습으로는 죽음이 오지만
주님의 이름만 부르면 영원한 생명이 옵니다.
을사년 새해에는 나의 추한 마음을 새롭게 하셔서
더 더러워진 모양으로도 주님께 죽도록 회개하게 하소서.
나의 믿음을 더욱 새롭게 하셔서 내 안에 있는 모든 죄악을
다 씻어버리고 오직 주님만 찬양하게 하소서.

나는 할 수 없다는 것을 자복합니다.
불가능도 내어놓고 간구합니다.
주님의 사랑이 크시기에 기도의 손을 모으고
아침에도 저녁에도 기도합니다.
그리하면 나의 삶은 평범하지만 진주처럼 영롱한
한 편의 시가 될 것입니다.

2025. 1. 2. 새벽에

후회 없는 만남

당신을 한번 만났는데
자꾸 보고 싶어지고 그리워지는 것은 왜일까요?

낙엽을 홀딱 벗은 나목 한 그루도
다정한 마음으로 바라보면
사랑하는 마음이 생기고 곁에 두고 싶은데
어찌 당신을 잊을 수가 있습니까?

그러나 나는 당신에게 내 곁으로 와달라고
부탁하지는 않을 것입니다.
단지 나는 당신과 글로 소통하며
애잔한 그리움을 나누고
당신을 만난 것에 만족하며
당신의 아름다운 시를 낭독하고
그대 곁에 머물고 싶습니다.

당신은 한 번씩 몰아치는 폭풍우로부터
방패가 필요할 것 같다는 생각을 해봤습니다.
당신의 순수한 마음을 지키기 위해 당신의 시를 읽으며
당신이 누군가를 필요로 한다는 것을 금세 알아차립니다.
나 자신이 그 누군가라고 말할 수는 없습니다.
그러나 나는 바로 그 누군가입니다.

만약에 당신이 내 등을 밀어낸다면

나는 그때 가서 생각할 것입니다.
세월이 바람처럼 왔다가 바람처럼 가버린다 해도
그대와 부황댐 둘레길을 걸으면서 남겨진 추억들은
너무도 생생해서 당신을 잊을 수가 없습니다.
하루를 사는 일들이 아무리 즐겁다 해도
당신과 즐겁게 보내었던 직지사의 추억들이
흔적처럼 그대로 남아 있어
당신을 쉽게 잊을 수가 없습니다.

당신은 나를 글 나누는 친구처럼 생각하는데
나는 당신을 연인으로 생각했습니다.
아~
아~
이 가슴 아린 엇갈림은
나에게는 고통이었습니다.

2025. 1. 6.

감사한 시인

매일 아침 나에게 시를 보내주는
시인 한 분이 계십니다.
오래전부터 그분의 시를 감상했지만
언제나 간결하고 잃어버렸던 소년의 꿈을 깨워 줍니다.

좋은 시를 읽으면
나는 살아 숨 쉬는 소년으로 돌아갑니다.
사실 그 소년의 몸짓은 어른이지만 어른아이입니다.

늙은 어른이 되어 버렸지만
여전히 아이들처럼 흔들리고 헤매고
힘들어하는 어른아이

내면의 진실한 속마음은 어른아이의 허기진 마음
나는 시집을 읽을 때마다 아픔을 치유하고,
자신을 속이지도 않고 숨기지도 않으며
그냥 편안한 어른인 아이로 시를 배우며 살아가려 합니다.

혼자 외롭게 가는 길목에서
흔들리던 내 마음을 잡아주는 감사한 시인
힘들고 지치고 고달픈 날에도
그분의 시를 감상하면서 인생은 고행이 아니라
아름다운 여행이라고 말하고 싶습니다.

시를 통해 그리운 그대에게 가는 통로를 발견했습니다.
당신의 시와 함께하는 동안
잃어버렸던 많은 아름다운 것들과
종국에는 그대를 만나는 행운을 얻게 되었습니다.

나는 그 시인의 마음은 전혀 모릅니다.
그분의 시를 사랑하며 그리워하는 것입니다.
나를 좋아해 주면 고맙겠지만 그건 내 생각일 뿐입니다.

못 견디게 힘든 날에도 나는 당신의 시를 읽으며
마주 바라볼 수는 없지만 서러움이 쌓이도록
또 내일 당신의 시를 기대하며 매일을 살고 싶습니다.

당신은 항상 내 마음이 파르르 떨리도록 먼 곳에 있지만
가장 가까운 곳에서 그리움을 어루만질 수 있는
나와 시를 나누는 스승님이십니다.

2025. 1. 8. 새벽에

아침의 다짐

아파트 그물에 걸린 낯선 햇살
겨우 창문으로 다가와 쏟아지는 햇살 아래
조금도 부끄럽지 않게 무릎 꿇지 않으리라.
내 가슴에 꿈틀거리는 오늘의 소박한 희망
오늘이 있는 한 나는 또 길 떠나면서 살 것이다.

오, 나의 자유로움이여
오, 나의 평화로움이여
자유로운 영혼을 위하여 오장육부가 썩고
터진 입술로 노래를 불러도 아침이 온다면
가난한 하루를 잡으려 그 누구의 간섭도 없이
씩씩하게 살 것이다.

뛰지 못하면 걸어서,
걷지 못하면 누워서,
눕지도 못하면 죽어서,
나는 결코 가난한 희망을 잡으려고
나의 길을 포기하지 않을 것이다.

나약함과 외로움을 벗어던져 버리고
거짓 없는 하루를 잡으려
평화로운 빈손으로 집을 나선다.
이 세상에 오직 하나뿐인 나,
진정으로 나를 사랑하고 범사에 감사하며

오직 오늘 하루에 최선을 다할 것이다.

굽어진 길은 돌아서 가면 되고
돌부리에 걸려 넘어지면
다시 일어나서 가면 된다.

나의 아침은 늘 새롭다.
조금 늦었지만 서두르지 말고
천천히 가자.

2025. 1. 10.

공수래공수거

이제 나에게 남은 것은 아무것도 없다.
비루한 내 육신마저도 가톨릭병원에 기증하고
두고 갈 것도 가져갈 것도 하나 없는 홀가분한 충만함이여.

헛되고 헛된 나의 욕심이 나를 다시 삼키기 전에
편안하게 비우고 떠날 준비를 해야겠다.
매일 죽음을 향해 가면서도 안 죽을 것처럼
죽음을 잊고 살다가 누군가의 임종 소식을 접하면
그를 자세히 알지도 못하면서 내 가슴속에는
휑하니 찬 바람이 분다.

지금부터라도 더 깊이 고독해지고
더 깊이 아파하면서 더 깊이 혼자가 되는
훈련을 하며 서서히 떠날 채비를 해야겠다.
숨이 멎어가는 마지막 고통 속에서도
눈을 감으면 희미한 빛 속에 길이 열리고
그 길을 따라가면 흰옷 입은 천사님들이 마중 나오리라.
머지않은 날 당신을 만날 기쁨보다는
뼛속 깊이 스며드는 슬픔과 두려움으로
잠 못 드는 밤이 많음은 어찌 된 까닭인가?

내가 아직 살아 있음으로 또다시 당신에게
마지막 참회의 눈물로 다시 한번 기도드리오니
이 죄인을 거두어 주소서.

언젠가 꿈속에서 만나 다정히 내 손을 잡아준
멀고도 가까운 곳에 계시는 나의 하나님!

내 몸속에 흐르는 피와 물처럼 항상 함께 계시며
어느 날 시(詩)가 되어 쏟아지면 쏟아진 만큼 아프고
나는 가난하게 살아도 늘 넉넉하다.

2025. 1. 20.

이렇게 살고 싶다

온실 속 화초가 되기보다는 차라리 못생기고
짓밟혀도 다시 스스로 일어나는 잡초로 살고 싶다.
독수리처럼 절벽에 매달려
높고 험한 바위들 위에서 흔들리리라.

온실 안에서 줄지어 자라며 찬사받고 길러지다가
결국은 탐욕스러운 인간의 손에 뽑혀버리는
향기로운 꽃이 되기보다는 차라리
누구 하나 눈길조차 주지 않고
그냥 짓밟고 가버리는 잡초로 살고 싶다.
감미롭고 향기로운 라일락꽃이 되기보다는 차라리
강력한 초록 풀내음을 풍기며 살고 싶다.
강하고 자유롭게 홀로 설 수만 있다면 차라리
못생겨도 자신만만한 잡초로 살고 싶다.

고통으로부터 벗어나기 위해서는
기쁨이 없는 길도 가야 한다.
네가 모르는 것에 도달하기 위해서는
무지의 길을 통과해야 한다.
네가 모르는 것이 네가 아는 유일한 것이고
지금 네가 소유하고 있는 것이 네가 소유하지 않는 것이며
네가 있는 자리가 네가 없는 곳이다.

조용히 묵묵히 기다려라.

그리고 내려놓아라.
무수한 계획을 세우고 그것을 실천하기 위한
모든 생각조차도 내려놓아라.
모든 옳아 보이는 이유들을 내려놓았다.
전적으로, 그리고 완전히 망설임도 없이
걱정 없이 내려놓았다.
그리고 나의 구세주인 하나님께
내 의지와 생명을 맡겨 버렸다.
이렇게 홀가분할 수가 없다.
내려놓음의 공간 안에서 모든 것을
위대하신 나의 신 하나님께 맡긴다.

진정한 믿음과
진정한 사랑과
진정한 희망은
바로 내려놓음 속에 있다.
모든 것은 괜찮아질 것이고 좋아질 것이다.
조금 부족하면 어떠한가?
남들이 원하는 사람이 되기보다는
당당한 기봉이로 살자.

2025. 1. 26.

이월

이월을 데리고 간다.
양력 설을 보내고 우리 명절 설날도 다 먹어 치우고
마지막 연휴와 함께 새로운 이월을 데리고 겨울 산을 간다.

봄, 여름 울창했던 숲들을 모두 버리고
가을과 함께 옷을 벗어버린 눈 쌓인 겨울 산,
나는 눈 쌓인 겨울 산 오솔길을 걷고 싶다.

아는 이는 하나도 없다.
어둠은 깊어가고 외롭게 혼자 걷는
긴 산행길에 목마른 자의 행복

고운 별 하나 가슴에 묻고 겨울 숲길을 따라
이월과 다정히 겨울 산 오솔길을 걷고 싶다.
그리움에 물든 가난한 행복

눈물 고여오는 세월일지라도
너처럼 묵묵히 기도하며
이월을 맞이하고 싶다.

2025. 2. 1.

어느 노인의 겨울 일기

어제가 봄이 오는 길목 입춘이었는데
오라는 봄은 얼어 죽고 살을 에는 강추위 속에
모든 세상이 조용한 오늘!

맑은 하늘과 흰 눈 덮인 산도 모두 얼어버렸다.
코흘리개 어릴 적 학교에서 집에 오다가 쩍쩍 갈라진 손등을
두 손으로 비비며 너무 추워 울었던 내가 보이고……
논두렁에서 썰매 타다 발이 빠져 모닥불을 피워놓고
추위를 녹이며 양말을 말리던 내가 보이고……

봄, 여름, 가을도 좋았지만
한겨울의 매서운 바람과 살을 에는 추위로
인내의 나를 키워준 개구쟁이 소년 시절이
그리워지는 추운 오늘

칠십을 바라보는 내 나이가 낯설고 실감도 안나는데
난 아직도 건장하다고 말로는 큰소리치지만
젊었을 때는 내가 몸을 데리고 날아다녔는데
이제는 몸이 나를 끌고 다니는 녀석이 되어버렸다.

귀한 물건을 잘 놓아둔다고 한쪽에 두고서도 금방 찾아 헤매고
뇌의 기능이 떨어져서 사람과 사물을 자주 잊어버리고
무엇이든 질서가 없고 뒤죽박죽된 것 같은 나의 일상을
억지로라도 받아들이며

작년 여름 고성에서 강릉, 삼척, 울산, 포항, 동해안으로
라이딩하며 건장한 모습을 찍은 사진 속 내가
나에게 귓속말로 속삭인다.

아직까지는 괜찮아요.
아직도 쓸 만하니 자연스럽게 있는 그대로 받아들이며
웃으며 살아요……

한 번씩 내 마음을 다스릴 수 없을 때
배낭을 메고 겨울 산으로 간다.
누가 뭐라 할 사람도 없는 자유로운 영혼인데
괜히 허무하고 서운하고 쓸쓸해질 때
이제부터라도 스스로를 외톨이로 만들지 말고
사람들과 더 친해지고 내가 먼저 사랑하며
나를 기억해 주는 이들이 내 주위에 남도록
행동을 잘해야 할 것이다.
세상에 머물 생의 길이가 조금씩 짧아질수록
나는 사랑의 폭을 관대함으로 넓혀가야 한다.
매일 새롭게 만나는 시간의 결을
조심조심 맑고 아름답게 만들어 가야겠다.

푸른 하늘을 올려다보니
참으로 행복한 아침이다.
새롭게!

2025. 2. 4.

겨울 산행

어느 날 용마산 산행길에서 그대를 만났습니다.
분명코 처음 만났는데 낯설지 않은
어디선가 본 듯한 느낌이 참 좋았습니다.

착한 눈빛 해맑은 웃음
거짓 없는 한 마디 한 마디의 말에도
정감이 가고 따뜻한 배려가 있어
잠시 함께 산행을 했는데도 오래 사귄 친구처럼
마음이 편안했습니다.
어떤 격식이나 체면치레 없이 있는 그대로 보여주는
솔직하고 담백함이 참으로 좋았습니다.

용마산 정상에서 따뜻한 차 한잔 나누고
하산길에서 이런저런 얘기를 나누는 동안
왠지 내 마음을 읽어주는 것 같아
둥지 잃은 새가 새 둥지를 찾은 것만 같았습니다.

혹여라도 당신이 전혀 나한테 관심이 없더라도
나는 괜찮습니다.
마치 사랑하는 사람에게 장미꽃 한 다발 받은 것보다
더 행복했습니다.
언젠가 그 꿈이 깰지 모르지만
난 그런 꿈을 꾸며 사는 행복한 사람입니다.

오늘도 눈 오는 산을 다녀왔습니다.
쏟아지는 눈을 그대로 맞고 당신을 그리면서
눈 내리는 겨울 하늘을 바라보며
내가 아닌 것에 나를 맡기고
눈꽃 속으로 나를 떠나보내고
집으로 돌아왔습니다.

2025. 2. 7. 새벽에

내가 누구인지 안다는 것은

잊어야 할 때를 안다는 것은 슬픈 일이다.
떠나야 할 때를 안다는 것은 슬픈 일이다.
내가 누구인지를 알아차리면 더욱 슬픈 일이다.

추운 겨울날 오들오들 떨면서 돌아앉아
혼자 소리 없이 울고 싶은 날,
내가 살아왔던 날들을 이제 와서 후회한들
다 부질없는 짓이다.

그래도 나는 좋은 일들만 생각한다.
행복했던 날들을 떠올리면서
내게 남은 잔고의 삶을 챙겨본다.

더 비우고 작아져야
희망의 빛은 가슴으로 온다.
애타면서까지 조급해하지 말자.
앞으로도 정답은 없을 것이고 지금까지도 정답은 없었다.
삶의 아름다운 마무리는 비움이다.

순진하고 가난한 간소함으로 마음의 욕심을 떨쳐버리고
인생의 새로운 향기와 빛을 찾아 천천히 가자.
비움이 내 부족한 허기짐을 채워줄 것이다.

2025. 2. 8.

인생을 살다 보면

인생을 살다 보면 이따금 갑자기 마음이 울적해지고
눈물이 나도록 슬플 때가 있다.
인생이 이렇게 앞뒤를 재며 살다가 가는 것일까?

아쉬움도 많았고 될 것 같으면서도 부족함이 많은 탓에
수없는 실패를 했던 안타까운 삶들
돌이켜 생각해 보면 지나온 세월이 거미줄처럼
모든 것이 연결되어 엉켜 있다.
좋았던 일, 힘들었던 일, 행복했던 일, 불행했던 순간들
모두가 하나로 어우러져 옛 추억으로 남아 있다.
살아온 순간마다 앞이 캄캄해지며 힘들어 얼마나 괴롭고
때로는 행복해서 얼마나 좋아하며 매 순간순간 감사했던가?

힘들어서 모든 것을 포기하고 싶었던 비참했던 순간도,
지우고 싶어 도망치고 숨고 피하고 싶었던 모든 일도,
너무 좋아 시간이 흐르지 않기를 바랐던 수많은 날들도,
지금 생각해 보면 그리움으로 남아 있다.

아직도 하고 싶은 일들이 많고 아직 못 만난 사람도 많은데
시간은 너무도 빠르게 흐르고 나의 인생은 점점 짧아진다.
주어진 날 주어진 시간 속에 희망과 꿈을 이루며
마음껏 자유롭고 행복하게 아무런 후회도 없이 살다가
생을 마감하고 싶다.

2025. 2. 11.

떠나가는 삶

세상에 태어나 많은 죄를 짓고 살면서도
내가 잘난 모양으로 목소리가 커지고
내 생각이 맞다 우기며 살아온 무지한 삶

긴 것 같지만 잠깐 머물다 갈 인생
잠시 쉬었다 갈 여백도 없이
무엇이 그리들 바쁜지 늘 조급한 발걸음들

아니지, 이건 아니잖아.
삼시세끼 연명함도 더없이 감사할진대
무엇을 더 거두려고
더 많이 축적해서 어디에 쓰려고
악다구니 쓰며 발버둥 치는가?

먹기 위해 사는 걸까? 살기 위해 먹는 걸까?
목숨이 붙어 있는 한 영원히 풀지 못할 철벽의 논리들
죽기 살기로 앞만 보며 걸어왔던 길
참으로 바보스러운 삶이었다 후회하기 전에
지금부터라도 모든 것 내려놓고 물 흐르듯이
구부러진 길을 만나면 돌아서 가고
큰 호수를 만나거든 한참 쉬었다 가고
모든 것이 떠나가고 잊어야 하는 가난한 세월 속에
우리는 서로 사랑을 가슴에 새기면서
오손도손 살았음 좋겠다.

서로 같이 가슴으로 사랑하다
어쩔 수 없이 헤어지는 순간이 올지라도
우리가 서로 사랑했던 순간이
너무 행복했다는 것을 잊지 말자.
우리는 영원히 같이 할 수 없기에
허락된 시간 동안 후회 없는 사랑으로
너무 좋았다는 것을 잊지 말자.

가장 낮은 곳에 바다가 있듯이
욕심보다는 겸손하게 나를 낮추고
상대방을 높여줄 수 있다면
착한 삶을 살다 하나님 나라로 떠나는 것이다.

2025. 2. 18.

봄의 향기

깊은 잠에서 깨어난 이른 새벽,
어둠은 더 머물고 싶은 듯 미련이 남아
아직 떠나지 못하고 있다.

진한 블랙커피 한 잔이 덜 깬 선잠을 깨우고
향기로운 커피 향이 또다시 커피를 찾는다.

새벽예배를 다녀와서 글을 쓰는 버릇이 있는데
커피 향에 취해 조용히 정태춘 님의
'북한강에서'를 들으며 지그시 눈을 감는다.

^^저 어두운 밤하늘에 가득 덮인 먹구름이
밤새 당신 머리를 짓누르고 간 아침
나는 여기 멀리 해가 뜨는 새벽
강에 홀로 나와 그 찬물에 얼굴을 씻고^^……

잔잔한 음악에 매료되어 아름다운 시를 듣노라면
가슴은 텅 비고 숙연해진다.
겨울 끝 바람마저 내 심사를 조롱하듯
뺨을 후려치고 달아나는데 갈 곳이 마땅치 않다.
늘 라이딩하며 찾던 곳이 북한강인데
항상 보고 싶은 의암호 소양강 처녀는
추운 겨울을 어떻게 보냈는지……

그리운 사람이 있다는 것은
삶에 주어진 대본을 읽으며
살아갈 용기와 희망을 갖게 한다.
이제 며칠 밤만 자면
개구리와 개나리꽃과 함께 경칩이 올 것이다.
봄의 향기와 버들강아지, 하얀 목련이 필 무렵
나는 북한강 물줄기를 따라 거슬러 오르며
힘차게 페달을 밟아 라이딩을 즐길 것이다.

어차피 우리 삶은 관객도 없는 무대의 주인공이 아닌가?
나목의 슬픈 겨울은 봄의 그리움으로 서서히 막을 내린다.

2025. 2. 27. 새벽에

그리움

아직도 네가 그립다는 것은
네가 내 가슴 안에 있다는 것이다.
아직도 네가 보고 싶다는 것은
너를 볼 수 없기 때문이다.
너를 볼 수는 없지만 이 세상 어느 하늘 아래
보이지 않는 내 마음 어느 곳에 네가 남아 있다는 것이다.
그리움이란 것은 멀리 있는 너를 찾는 일이 아니라
내 마음속에 남아 있는 너를 찾기 위함이다.
말은 안해도 너도 많이 외로웠을 것이다.

삶 속에는 슬픔과 기쁨이 뒤섞여 있다.
아려오는 아픔 속에 그리움도 도둑맞은 듯
허전해 축 늘어진 어깨로 너를 찾아
힘없는 발걸음으로 말없이 추적추적 걷고 또 걸었다.
네가 보고 싶은 그리움에 삭였던 눈물이 쏟아져내려
숨어서 엉엉 울었다.
고통으로부터 그리움을 끄집어내어 울어도 봤지만
아무 소용이 없었다.

지나간 세월 앞에 선들
떠나간 날들이 되돌아올 수 있을까?
온갖 시름에 시달려 조마조마해진 심장마저
쪼그라들어 탈진해 버렸다.
언젠가는 돌아온다는 기대로

쓸쓸하게 울어야 할 순간에도 너를 기다리고 있겠다.

내 생각의 밑바닥에 숨어 있던 네가 튀어 올라와
뒤척이는 밤이면 가슴팍이 멍들도록 그리워도
다시 만날 수 있다는 생각에 희망을 갖는다.
그리움 탓에 서먹서먹하고 앙상해져 버린 마음

끊어지고 이어지고
헤어지고 다시 만나는 것이
우리 운명인가 보다.
아무런 기대도 하지 않았는데
혹시 네가 돌아올까 봐
그리움의 문턱에 앉아 너를 기다리겠다.

2025. 3. 6.

봄날 같은 인생

지금까지 건강하게 부족함 없이
살아가는 내가 꿈만 같습니다.
잘 견뎌냈습니다.
잘 참아 왔습니다.
잘 이겨냈습니다.
뒤돌아보니 살아온 세월이 너무 쉽게 떠난 듯해도
모두가 소중한 시간이었습니다.
단 한 번의 삶이 찾아오고 주어지는 것도
선물같이 고귀하고 아름다운 날들입니다.

돌이켜 생각해 보니 나와 다투거나 사이가 안 좋게
헤어진 많은 사람들도 소중하고 귀한 사람들이었습니다.
인생을 살아오면서 만나고 헤어진 모든 사람들이
참으로 소중한 인연이었습니다.

짧지 않은 세월을 살다 보니
모든 것이 후회되거나 한탄스럽기보다
이제는 예쁜 추억으로 남았습니다.
혹여라도 우리 다음 세상에서 다시 만나면
이 세상에서보다 더 멋진 삶을 살아봅시다.
사소한 감정의 노예가 되어
서로 미워하거나 싸우며 살지 말고
서로의 마음을 먼저 이해해 주고
사랑이 얼마나 소중한가를 깨우치며

아름다운 사랑의 열매를 맺으며 살아봅시다.

어제는 어제로 흘러가고 내일은 내일에 맡겨놓고
우리에게 사랑할 시간이 주어졌을 때
예쁜 사랑을 해봅시다.
세월은 한시도 머물지 않고 흘러가는 것
관심도 기억도 추억도 시간이 지나고 나면
언제 그랬냐는 듯 모른 체하고 사라질 것입니다.

힘들었던 순간도, 고달팠던 순간도,
포기하고 싶었던 절망스러운 순간도
잘 이겨내면서 세월이 흐르다 보니
다시는 돌아갈 수 없는 날이 되어 버렸습니다.

계절의 시간이 평행선을 맞추는 춘분
봄의 향기가 물씬 묻어나는 춘분
봄꽃 피는 춘분
이 좋은 봄날 시름을 잊게 하고
마음은 온통 눈 부신 햇살 속으로
자지러지게 웃음꽃 터트리며
아름답게 피어나는 꽃들을 맞으러
우리 두 손 꼭 잡고
꽃놀이 가지 않으시렵니까?

2025. 3. 20.

소중한 하루

지금 행복하다고 매일 행복할 거라 착각하지 마십시오.
밀물이 있으면 썰물이 있듯이, 살다 보면
안 되는 일, 괴로운 일, 힘든 일이 생길 때가 많습니다.
그래서 오늘 하루를 진실하게 뜨거운 마음으로
후회 없는 삶을 살아야 합니다.
지금 이 시간을 기억하고 추억할 수 있도록
내 혼을 다해서 아름다운 추억을 만들기 위해
최선을 다해야 합니다.

오늘 할 일들을 뒤로 미루면
다시는 그 시간이 오지 않을지도 모릅니다.
알아주는 사람 하나 없어도 내일을 꿈꾸며 나아가고,
욕심을 버리고 지금의 나를 받아들이며
고통스럽고 괴로운 삶의 고비도 견뎌내면 됩니다.

힘들고 어려웠던 순간들이 지나고 나면
삶은 한결 부드러워지고 마음에 평온함이 찾아옵니다.
순간순간 힘들 때마다 절망하고 긴 한숨 내쉬면서도
내 삶을 여기서 거덜내고 포기하기 싫어서
버티고 견디며 살아왔습니다.
수없이 힘들고 어려운 고비를 이겨내고 버티며
마지못해 살아온 세월도 훌쩍 떠나가 버렸습니다.

이제야 조금 세상을 알 만한데

이미 떠나가 버린 야속하기만 한 세월
다시 시작할 수도 없고 쓸쓸함에
눈가에 눈물이 흐릅니다.

시간이 흘러가고 세월이 가면 괜찮을 거라고
혼자 지껄이며 겨우 산다는 의미를 알게 되었을 때
각박한 세상 속에서 어찌할 수 없게 늙어 버렸고
젊은 날의 추억 속 그리움만 아련히 떠오르는
비 오는 오늘입니다.

2025. 5. 15.

그대가 있으므로

살아온 세월을 돌이켜보니 오랜 시간 나는 혼자였습니다.
수많은 사람들을 만나며 내 곁에 잠시 머물다 갔지만
정작 그들의 손길이 필요할 땐
한 걸음씩 뒤로 물러서 있었습니다.

강물은 물고기가 없어도 제멋대로 흘러갈 수 있지만
그곳에 사는 물고기는 강물이 없이는 한시도 살아갈 수 없듯이
나도 늘 그대들을 그리워하며 갈증 나는 목마름으로
지금까지 기다리고 있습니다.
어쩌면 영원히 안 올지도 모르지만 가로막힌 암담함보다
기댈 수 있다는 정겨움으로 버텨 보겠습니다.

그대들은 내가 없어도 잘 살아갈 수 있지만
나는 그럴 수 없어 내 외로움을 통제하면서 기다려 보겠습니다.
설혹 찢어질 듯한 아픔일지라도
멀리서 바라보고만 있어야 할지라도
들에 핀 잡초에도 꽃은 피고 강물은 흘러가야만 하듯이
난 있던 그 자리에서 사랑이라는 명분으로 기다려 보겠습니다.

인생이란 수많은 연결고리로 이어지고
때로는 슬픔이 전율로 다가올지라도
집 나간 자식도 품어줘야 하는 어미의 운명처럼
언젠가는 꼭 돌아온다는 확신을 갖고
무작정 기다려 보겠습니다.

유월의 푸른 하늘 아래
음악처럼 피어나는 꽃과 같이
우리의 진실한 삶은 하나의 약속임을 믿습니다.
날마다 똑같은 방향으로 돌고 도는
손목시계 초바늘 같은 삶에
기다릴 수 있는 당신이 있다는 것이
얼마나 다행스런 일인지 모릅니다.

2025. 6. 5.

당신이 내 곁에 있기에

내 글을 읽어주고 잘 읽었다고 표현해 주는 당신이 있어
가슴 뭉클한 감격으로 난 또다시 많은 시집을 훔쳐보고
당신을 그리워하며 예쁜 시를 쓰려 애씁니다.

누군가를 그리워하며 살아갈 수 있음은
고통보다는 차라리 행복입니다.
인생이란 잔잔한 바다에 살랑이는 파도가 치듯,
찬란했던 여름날의 햇살 속에서 은빛 물결을 만들어
눈부신 사랑을 나누고 싶습니다.

서로 이해하며 상대가 원하는 것을
금방 알아차리고 나누면서 함께 꿈을 이루어가는
기쁨과 행복을 맛보고 싶습니다.
당신이 내 곁에 없는데도 불구하고
당신이 날 부르는 소리가 내 마음속에서
왜 그렇게 크게 들리는지 모르겠습니다.

잠깐 동안이라도 당신을 생각하면
내 마음은 편안해지고 따뜻해집니다.
내 글솜씨가 뛰어나지 못하고 어리숙하여
늘 앞뒤가 맞지도 않고 얽히고설켜 뒤죽박죽이지만
생각나는 대로 순수하게 누구에게나 자연스럽게 느껴지는
그런 글로 당신을 사로잡고 싶습니다.

당신과 친해지려면 내 모든 껍질을 훌훌 벗어버리고
정직해야 합니다.
진실해야 합니다.
솔직해야 합니다.
흠결이 많은 사람이지만 앞으로는 더욱더
그렇게 하도록 노력할 것입니다.

내 인생에서 당신은 기쁨을 만들어주었고
내일을 향해 힘차게 걸어갈 수 있는
기쁨과 힘을 실어 주었습니다.
힘들고 고통스럽던 순간들도
당신을 그리면서 흐르는 눈물을 거친 손으로 훔치고
내일을 위해 최선을 다하며 살아야겠다는 용기가
가슴속에서 용솟음치듯 솟아오릅니다.

그런 당신이 이 지구에 함께 살고 있음은
커다란 축복입니다.
돌부리 차이는 인생길에서 당신이 내 곁에 있다는 것은
참으로 행복한 일입니다.
내 곁에 있어 줘서 고맙고 감사합니다.

2025. 6. 15.

무엇을 하든지

긴 세월 살아오며 많은 사람들을 만나고 헤어졌지만
지금도 나를 기억하고 있는 당신을 만났다는 것은
내게 큰 행운이었습니다.

등산을 하면서, 라이딩을 하면서,
혹은 들길을 걸으면서 당신 생각이 떠오르면
나의 발길은 마냥 즐겁고 내 세상은
빛나는 아름다운 세상이 됩니다.

많고 많은 사람들 중 당신을 내 가슴에 간직할 수 있으므로
내 마음은 따뜻해지고 발걸음도 한결 가벼워집니다.
어제도 용마산 산행을 하면서 당신 생각만 했고
오늘도 북한강 라이딩을 하면서
당신 모습을 떠올리며 달렸습니다.

당신이 내 가슴속에 꽂히면
당신 하나로 해서 천하를 모두 얻은 것 같습니다.
당신 한 사람으로 인해 내 심장은 쉼 없이 뛰고
갈비뼈 사이로 스며드는 그리움이 온몸으로 파고들며
몸서리치게 보고 싶을 때
자전거 은륜을 굴리며 북한강으로, 또는
가파른 용마산 깔딱고개를 오르면서 몸부림치고
내 삶이 하나씩 찢겨 나가고 가슴이 저며 오도록
당신 생각에 자지러지게 아린 마음으로

당신에게 달려가고 싶습니다.

당신이 있어 나는 세상을 살아갈 힘을 얻습니다.
당신이 있어 나는 세상을 살아갈 이유를 찾습니다.
험한 세상 짧기만 한 삶에 사랑하는 당신마저 내 곁을
떠나가고 휑한 거리를 넋 나간 사람처럼 바라만 본다면
내 삶은 너무도 막막할 것입니다

무엇을 하든지 내 마음 안에서 당신을 향한 그리움은
온통 보고픔으로 새싹이 돋아납니다.
만약에 당신이 조금이라도 나를 생각하고 있다면
아무리 힘든 역경이 닥치더라도
그 무엇이 우리를 갈라놓는다 하더라도
내 목숨이 붙어 있는 한 모든 것을 다 이겨내고
꼭 당신을 내 사람으로 만들고야 말겠습니다.

어디를 가서 무엇을 하든지 당신은
내 가슴 안에 자리 잡고 있습니다.

2025. 6. 26.

포기하지는 마세요

인생을 살다 보면 세상살이가 고통이 되고
매번 실수하고 그르치며 일이 꼬일 때,
힘든 오르막길만 보이고 호주머니엔
동전 몇 닢만 남아 빚 독촉에 시달릴 때,
울지도 못하고 한숨만 쏟아지며
근심 걱정이 마음을 억누를 때,
세상만사 지치고 힘들면 모든 짐 내려놓고
그냥 그늘로 들어가서 쉬세요.
하지만 내 삶을 포기하지는 마세요.

삶이 꼬이고 인생의 풍파가 수시로 얼룩질 때,
실패에 실패만 거듭될 때,
잘하면 될 수도 있었는데 그렇지 못했을 때,
걸음을 늦추더라도 절대로 포기는 하지 마세요.
넘어지고 무릎이 깨져 피가 나더라도
모든 것을 견디며 살아가야 하는 것입니다.

세상 풍파 다 겪으며 구불구불 구부러진 삶이
반듯하고 편하고 쉽게 살아온 사람보다 힘들겠지만,
흙투성이 울퉁불퉁한 감자처럼 산전수전 다 겪고 살아온 삶이
누구에게나 편안하고 누구든 잘 이해하며
모나지 않고 두리뭉실 편안한 사람입니다.

들길에 피는 꽃도 온갖 비바람 맞고

좌우로 흔들리며 뿌리를 내리는데 하물며 인생에
고비가 없이 순탄한 삶이 어디 있겠습니까?
삶이 힘들다고 절대 포기하지는 마세요.
살아간다는 것은 힘들고 외로움을 견디는 것입니다.
오지도 않을 행운을 기다리지 마세요.

소낙비가 쏟아지면 맞으면 되고
눈이 오면 눈을 맞으며 그냥 눈길을 걸어가면 됩니다.
고통의 길을 묵묵히 가다 보면
어둠 속에서 빛을 발견하듯이 희망의 태양이 떠오를 겁니다.
삭막하기만 했던 삶 속에 한 줄기 희망의 빛이 들어올 때
힘차게 뻗어가는 삶을 살 것입니다.
그러니 지금 조금 힘들다고 포기하지는 마세요.

2025. 7. 12.

사랑하는 딸에게

사랑하는 지민아, 아빠의 딸로 태어나줘서 고맙구나.
너로 인해 아빠의 삶은 희망이 생기고
너를 의지하며 마음이 따뜻해질 수 있었단다.

오직 하나뿐인 내 딸 지민아!
네가 세상에 태어나지 않았다면 아빠 삶은 절망적이었을 거야.
네가 더욱 사랑스러운 것은 이 세상에 하나뿐인
아빠의 딸이기 때문이다.

참 세월이 빨리도 간다.
어렸을 때 네가 너무 예뻐서 커가는 모습을 남기기 위해
카메라 셔터를 연신 누르며 사진을 찍어 줬지.
봄바람 산들산들 불던 날
인형 같았던 네가 어느새 훌쩍 커서 시집을 갔고
듬직한 신랑을 만나 사랑하고 예의 바르게 행동할 때마다
멀리서 바라보기만 해도 미덥고 든든하단다.

사랑하는 딸아!
신랑과 더불어서 시아버지, 시어머니께도 효도하고
둘이 서로서로 아껴주고 사랑하면서
작은 일도 소중히 생각하며 살았으면 좋겠구나.
사랑이란 마음속에 간직해놓은 화분 같은 것
서로 가꾸어 주고 보살펴 주어야 예쁜 꽃이 피어난단다.
아빠는 이제 더 이상 바랄 것이 없구나.

너희가 서로 아껴주며 건강하게 잘 살기만 바랄 뿐

먼 훗날 아빠가 하늘나라 가더라도
슬퍼하거나 힘들어하지는 말아다오.
너의 승낙으로 시신을 기증했으니
가톨릭병원에서 잘 알아서 처리할 것이다.
혹여라도 사는 동안 불의의 사고나 병으로 인해
아빠가 의사 표현을 하지 못할 때는
어떠한 의료기구로든 생명을 연장하지는 말아다오.

다시 한번 부탁한다.
될 수 있다면 모든 신경이 살아 있을 때
눈이나 장기를 아픈 사람들을 위해 기증하거라.
그것이 아빠를 위한 것이고
아빠가 믿는 하나님께서 좋아하시는 일이란다.

먼 훗날 아주 먼 훗날 어두운 밤하늘을 쳐다보거라.
그중에 제일 빛나는 별이 아빠 별이고
아빠는 별이 되어서라도 너를 지켜줄 거야.
너는 네 인생을 잘 살고 아름다운 꽃을 활짝 피우다가
천천히 아주 천천히 오거라.
너는 세상의 그 어떤 보석보다 더 빛나는 아빠의 보석이란다.

너를 이 세상에 태어나게 해준 하나님께 감사드리며
둘이서 예쁘고 건강하게 늘 사랑하고 아껴주며
잘 살기를 기도할게.

2025. 7. 20. 아빠가

떠나는 여름

오늘 나에게 허락된 하루를
힘겨운 삶처럼 얼굴 찡그리고 살기보다는
따뜻함과 정겨움을 나누며 살고 싶다.

그렇게 무덥던 태양의 눈동자도 입추에 살짝 눈을 감고
오늘이 말복인데 마지막 더위를 떠나보내려는지
살짝 비가 오고 있다.
아침저녁으로는 바람이 선선하고 매미 울음소리도
기력이 떨어지는 것 같다.

손으로 잡을 수도 없고 마음에 담아둘 수도 없는
쏜살같이 흘러가 버리는 삶의 시간들
게으르지 않은 발걸음으로 그대들과 항상 함께하며
웃음과 행복을 나누며 오늘도 열심히 살고 싶다.

세월이 흘러가면 거짓은 사라지고 진실만 남는다.
오늘 하루 지금 이 시간 비 오는 창밖을 보며
글을 쓸 수 있다는 것이 얼마나 행복한 일인지
아직도 펜을 꼭 잡고 한 편의 시를 읊조릴 수 있다는 것이
너무나 감사하고 행복하다.

적지 않은 세월을 살아오면서 먹먹한 그리움과
아픈 슬픔을 거치지 않은 사람이 어디 있겠는가?
인생을 살아오면서 절망과 고통에 아프지 않았던 사람이

얼마나 되겠는가?

오늘 하루 지금 이 순간 땟거리 걱정 안 하고
내 발로 어디든지 다니면서 숨 쉬고 살아 있음이
얼마나 감사한 일인가?

한여름의 폭염도 평화롭게 나니는 고추잠자리에게
여름을 넘겨주고 가을 문턱에 들어선다.
가을이 오면 황금 들녘 넘실거리는 들판을 따라
내가 원하는 곳 내가 가고픈 곳은 어디든지
꼬마 미니벨로 자전거를 타고 가을 라이딩을 가고 싶다.

청명한 하늘과 바다, 산과 들녘,
코스모스 한들거리는 동해안 해안도로
라이딩 생각만 해도 눈물나도록 감격스러워서
벌써부터 가슴이 울렁거린다.
때로는 목적지에서 딴 길로 빠져 기웃거리는 것도 좋다.

이 모든 희망이 가슴에서 살아나 여름을 벗어버리고
동해안 라이딩, 설악의 울산바위 등반 계획을 한다.
한여름의 태양처럼 온몸을 불사를 수 있다면
그 삶이 얼마나 멋진 삶이겠는가.

머지않은 날 꼬마차에 꼬마자전거를 싣고 떠날 것이다.
동해 바다로!

2025. 8. 9.

인생에 정답은 없다

자기 생명이 얼마 남지 않았음을 아는지
매미 울음소리가 더 절규하며 통곡하는 듯이 들린다.
하루해가 조금씩 짧아지면서 매미의 삶처럼
내 목숨도 간당간당 하루를 보챈다.

사는 것은 잠깐이다.
삶의 방식에 정답은 없다.
앞으로도 정답은 없을 것이고 지금까지도 없었다.
이것이 내 삶에 유일한 정답이다.

이제 막 술에서 깨어난 지치고 무거운 몸이여
힘없이 늘어지는 피곤한 마음이여
너는 결코 서둘지 말라.
인생이란 지나가고 나면 후회만 남는 법
지금 알고 있는 것을 그때도 알았더라면
삶에 더 열중하고 그 결과에 대해서도
후회하지 않았으리라.
하는 일마다 실패로 끝났다 할지라도
삶에 더 열중하고 그 결과에 대해 걱정하지 않았으리라.
더 좋은 일들이 또 기다리고 있음을 믿었으리라.

아~
나는 철없는 어린아이처럼 행동하는 걸
두려워하지 않았으리라.

내가 만나는 그 누군가를 더 신뢰하고
나 역시 누군가에게 신뢰받는 사람이 되었으리라.
분명코 더 많이 감사하고 더 많이 행복했으리라.

아직도 마음속에서 풀리지 않는 모든 문제들에 대해서
인내를 가지고 그 문제 자체를 사랑해 보자.
모든 문제를 안고 살아보는 것이다.
언젠가 먼 훗날 나 자신도 알지 못하는 사이에
삶이 너에게 정답을 줄 것이다.

2025. 8. 12.

보상하는 삶

이 세상에 태어나서부터 오랜 시간
쓸쓸하고 고독한 삶을 지치도록 살아왔다.

나로 인해 불행해진 사람, 괴로운 사람,
고통받았던 사람이 있었다면 지금부터는
나를 통해 행복해지는 사람으로 만들어주고 싶다.

나로 인해 슬퍼하고 절망하던 사람이 있었다면
나 때문에 살아갈 희망이 생기고 힘과 용기를 얻으며
나로 인해 기뻐하는 사람으로 만들어주는 나로
다시 태어나고 싶다.

언제 어떠한 경우라도 더 낮은 자세로 살며
나를 질책하거나 수없이 진통을 겪더라도,
지난날의 모난 나를 보면서 내 자신을 새롭게 변화시켜
내가 있으면 행복해지고 기분이 좋아지는 사람으로
변하도록 노력하는 삶을 살고 싶다.
당신이 있어서 행복합니다, 이런 말을 들을 수 있다면
이 얼마나 기분 좋고 행복한 삶이겠는가.

뜨거운 태양에 산과 들판이 초록으로 짙어지듯
내 삶도 희망과 용기를 내어 잘 견디고 인내하면서 이겨내면
먹구름 가득했던 내 마음이 언제 그랬냐는 듯 밝아지며
두려웠던 마음도 사라지고 대견한 나를 발견할 것이다.

어차피 인생은 나와의 한판 싸움이다.
다른 사람들의 시선이 날카로운 칼날처럼 꽂혀
끈질긴 고뇌의 시간 속에 피를 피로 씻어내듯
누구든지 나를 질책할 때마다 나는 나의 자존심을
땅바닥에 내려놓고 힘들고 고달프겠지만
나의 나를 죽이면서 살 것이다.

그리고 모든 사람에게 모나지 않은 두루뭉술함 속에
수더분한 편안함을 주는 나의 나로 살고 싶다.
아직도 보고 싶은 사람, 만나고 싶은 사람,
아직도 더 라이딩하며 가고 싶은 곳이 많은데
세월은 너무도 빠르게 흐르고 내 삶의 길이는 점점 짧아진다.

훗날 내가 죽고 나면 누가 나를 얼마나 기억해 줄까?
그래도 나의 첫 독백집 <완벽하지 않아도 괜찮아>
이 한 권의 책에 내 흔적이 남을 수 있을까?
지금 쓰고 있는 이 글들은 두 번째 책이 될 것이다.

노년의 삶은 나름대로 후회 없이 열심히 살아왔기에
나머지 잔고의 삶은 다른 사람들을 위하여 살아간다면
나의 인생은 당신이 생각하는 것보다 훨씬 더
많이 행복해질 것이다.

나는 결코 후회하지 않는 삶을 살 것이다.
더 착하게, 더 바보같이!

2025. 8. 18.

가을 고백

시가 쏟아지는 구월이 가을을 데리고 왔습니다.
가을바람 냄새가 낭만의 꿈과 같은 사랑 이야기를 싣고
한잔의 커피 향과 같이 삶의 이야기들을 데리고
구월이 가을과 함께 왔습니다.

가을 햇살 좋은 날 당신과 한적한 노천카페에서
시간의 흐름을 멈추고 진한 갈색 커피 한잔 마시고 싶습니다.

가을은 남자의 계절이랍니다.
가을이 오면 그대와 갈대숲 우거진 오솔길을 걸으며
가을빛 사랑을 나누고 싶습니다.

매일 미루다가 아직도 당신에게 사랑한다는 말을 못했지만
내 가슴으로 사랑한 당신에게 가을이 오면 사랑한다고
진실을 말하고 싶어집니다.

속수무책으로 쏜살같이 지나가는 시간들
그 속에 살아가는 당신과 나
모든 화려함이 마지막 빛으로 물들이는 이 가을에
우리 숨 막히도록 아름다운 사랑을 나누고 싶습니다.

당신 가슴과 나의 가슴을 덮고도 남을
그런 사랑을 이 가을에 하고 싶습니다.

삶이 정신없이 바빠서 생각할 겨를이 없이 지내다가도
계절이 바뀔 때가 되면 스치는 가을바람에
당신의 향기가 내 코를 통해 가슴으로 스며들어
미처 나누지 못한 그리움으로 꿈만 같은 사랑 이야기로
가슴을 먹먹하게 합니다.

이런 날에는 파아란 하늘에서 쏟아져 내리는 햇살도 좋지만
나는 당신의 선한 눈빛을 바라보는 것이 더 좋기만 합니다.
초록빛 나무 잎새들이 갈색으로 물들기 전에
당신을 사랑한다고 고백하고 싶습니다.
가을로 더 깊이 빠져들기 전에……

2025. 9. 3.

집착

울퉁불퉁 모난 삶이 느지막이
황혼의 나이를 먹고서야 알게 되었다.
다른 사람이 가지고 있는 것을 욕심내기보다는
내가 가지고 것을 소중히 여겨야 한다는 것을……
내가 가지고 있는 것에 너무 집착하지 말고
하찮은 것이라도 감사히 여겨야 한다는 것을……

여태껏 욕심만 무겁게 짊어진 채 낑낑대며 살아왔다.
오래도록 걸어왔던 나의 삶을 뒤돌아보니
내 길을 똑바로 걷기보다는 자꾸만 다른 길을 기웃거리고
이리 갈까 저리 갈까 망설이고 서성거리며 여기까지 왔다.

내가 가진 것은 무엇인가?
내가 가질 수 있고 가질 수 없는 것은 무엇인가?
무엇이라도 잡으려고 무진 애를 썼지만
나는 여태껏 욕심만 무겁게 짊어진 채 살아왔다.

나의 삶은 집착이었다.
가질 수 없는 것을 잡으려고 탐욕에 사로잡혀
이미 주어진 것도 잃어버린 채 감사를 소홀히 생각했다.

기쁨이라는 행복은 영원하지 않다.
살다 보면 험난한 깔딱고개가
다시 펼쳐져 있는 인생의 길

힘들여서 무엇을 잡으려 하지 말고
지금 가지고 있는 것을 잘 간직하고 소중히 다루자.
중후하게 늙어가는 나를 사랑하고 삶에 집착하지 말자.

숨 쉬는 것에 감사하고 버림에 익숙해져야 한다.
나의 존재가 한낱 가랑잎처럼 팔랑거릴 때 객기 부리지 말고
그런 때일수록 집착을 버리고 늙음을 더욱 사랑하자.

삶이 지치고 힘겹지만 받아들임으로 긴 여정의 길을 걸어왔다.
해 질 녘 노을이 아름답듯이 노을을 사랑하고
늙음을 사랑해야겠다.

그렇게 강가에 넘어가는 노을을 보며
삶에 집착을 버리고 나를 떠나보내는 연습을 해야겠다.

2025. 9. 24.

‖ 2부 ‖

여행,
구름과 바람의 길이 곧 나의 길

청평호에서 내 마음에 그물을

호수처럼 넓은 홍천강 하류 청평호에서
내 마음에 낚싯대를 펼쳐놓았습니다.
물고기를 많이 잡지는 못했지만
이곳에 오면 펄펄 뛰는 싱싱한 물고기를 잡습니다.
그 물고기들의 이름은 희망, 겸손, 기쁨, 인내,
주님이 주신 자연의 선물입니다.

내 마음 깊은 곳에 명상의 찌를 던지면
희망과 기쁨의 고기가 잡혔습니다.
내 인생에 꼭 필요한 겸손과 인내도 건져 올렸습니다.

이제는 더 이상 내 뜻대로 살지 않고
나의 생명과 의지를 주님께 맡기고 살기로 했습니다.
내가 가지고 있던 아집과 욕심, 부와 명예를 모두 버리고
주님이 주시는 달란트대로 살아갈 것입니다.
가지고 있던 모든 것을 버리고도 오직 감사함만으로
주님 말씀 안에서 살아갈 것입니다.

주님의 말씀을 먹으면서 살아가는 기쁨이
이 넓은 청평호를 넘쳐흘러 내 가슴속에서 머물게 하옵소서.
절망의 늪에서 침몰했던 죄 많은 지난 날들도 오직
믿음의 새 옷으로 갈아입고 새사람으로 부활하게 하옵소서.

외로움이 쌓이고 슬픔이 깊어지면서
말은 숨어버리고 눈물만이 처절한 기도라는 것을
오래전부터 주님께 배웠습니다.
어제의 환상이 아닌 오늘의 아픔의 무게
꽃처럼 아름다울 꿈이 아닌 십자가에 못 박히시어
골고다의 언덕을 피투성이 채로 올라가신 그 길을
우리도 따라가게 하옵소서.

이제는 더 이상 내 뜻대로 살지 않고
주님을 따라나선 열두 제자들처럼
세상에 정든 모든 것을 버리고도 기뻐할 수 있는
내가 되게 하소서. 아멘

2024. 6. 7.

유월의 두물머리

북한강과 남한강의 만남 두물머리
언제 와도 또 오고 싶은 두물머리
초록의 운길산을 그대로 품어버린 두물머리
나에게 시를 가르쳐준 두물머리
너의 만남으로 팔당댐이 이루어졌고 한강으로 다시
태어나서 김포까지 흘러가다 임진강과 .만남으로
서해 바다에서 강물의 고단한 생을 마감한다.

멀리도 흘러왔다.
금강산에서 흘러내려 의암호를 떠나 북한강이 태어나고
강원도 금대봉을 출발하여 남한강으로 흘러와서
두 물이 합쳐지는 양수리 두물머리
잠시 나루터에 쉬어가면서 한강의 기적을 이루어낸 두물머리

두물머리, 너를 만난 설렘으로 따뜻한 설렘으로
나는 또 글을 써야 한다.
너는 답장 대신 운길산 너머 흰 구름만 올려다보렴.

사랑하는 사람과의 만남과 이별의 추억이 담긴 두물머리
삶이 스쳐 가는 순간이 너무 행복해서
감동으로 젖어드는 초록의 여행
그래, 기쁨과 외로움과 함께 사는 나는
그냥 두물머리에 빠져들고 싶다.

2024. 6. 9.

주님의 이름으로

사랑의 하나님!
저에게 베풀어주신 은혜를 도로 빼앗아 가지 마옵소서.
저의 약한 믿음을 보시고 어느 것 하나라도
빼앗지 마시고 더욱더 더하기만 하소서.

나의 이름으로는 짙은 어둠이 내리지만
주님의 이름으로는 찬란한 새벽이 옵니다.
나약한 나의 믿음으로는 절규와 애통이 되지만
주님의 이름을 부르면 환희와 즐거움이 옵니다.
교만을 앞세우면 쓰디쓴 이별의 고통이 따라오지만
주님의 이름만 부르면 새 생명이 탄생되나이다.

내 마음속에 주님의 눈물을 떨어트려 주심으로
내가 회개하지 못하고 울지도 못할 때
주님께서 하염없이 울게 하셨나이다.

난 버림받은 탕자였습니다.
수많은 타인들로부터 손가락질을 당했나이다.
이제 모든 것을 주님 앞에 홀딱 벗고 주님께로 가려 합니다.

감히 상상도 하지 못할 고통으로
감히 상상도 하지 못할 사랑을 베풀어주신
주님께로 가려 하나이다.

오직 내 하나님이시여!
내 깊은 마음을 보시고
내 애통함을 들어 주소서.
내 간절한 기도를 귀하게 받으시는
전능하신 주님!

내 기도를 받으소서.
나는 주님의 아들입니다.
나는 죄인입니다.
주여! 나를 구원하소서.
주여! 나를 사랑하소서.
내가 주님을 사랑하나이다.

2024. 6. 25.

오늘의 결심

앞으로 살아갈 날의 길이가 조금씩 더 짧아질수록
수시로 변하는 내 마음의 날씨를 바꾸어
장맛비처럼 우중충하지 않게, 맑은 날처럼
나를 가꾸면서 변덕을 부리지 말자.
새롭게 다가오는 시간의 결을 조심조심 맑고 곱게
가꾸어 나가기 위해서 내 마음을 다스릴 수 없을 때
너무 힘들어 하늘을 보고 기도한다.

내 안에 있는 가엾은 영혼아, 주님께서 항상 네 곁에 있다.
십자가의 아픔을 하얗게 웃으시고
내 안에 있는 기봉아, 이제 어두운 잠에서 깨어
늘 주님과 함께 있음에 나를 더 빛나게 해다오.
스스로를 외톨이로 만들지 말고
내가 아는 모든 이들과 더 친해지고
내가 먼저 사랑해서 오래도록 함께 해야지.

맑고 밝은 결심을 세우며 빗소리를 들으니
참으로 감미로운 리듬 소리가 나네.
소박하게 아름다운 작은 결심의 기도로
오늘을 다짐하고 연습하며 빙그레 웃어보는 오늘,
이제는 기도의 지향을 단순하게 정해야겠다.
오늘은 이 결심 하나만으로도 충분하고 충분하다.

2024. 7. 2.

부족해도 괜찮아

시커먼 구름이 제 몸을 털어 장맛비가 쏟아진다.
한낮인데도 우중충한 날씨 탓에 외출을 망설이고 있다.
끝없는 아쉬움 목이 터질듯한 목마름
허전한 마음을 주님께 기도로 대신해 본다.

끊임없이 나를 짓누르는 이 모든 육체의 부족함과 고통,
주님을 방패 삼아 견디며 산다.
아직도 마르지 않은 땀 냄새 풍기는 옷을 던져버리고 싶어
난 지금도 손짓으로 발짓으로 아니 내 모든 몸짓으로
홀로서기를 반복 또 반복한다.

난 이대로 멈출 수 없다, 내 인생에서 무언가 남기고 싶어
한 권의 책도 냈지만 부족하고 아쉬움에 다시 한번
완벽하지 않은 책을 조금 더 미화시켜서 내고 싶다.

죽는 날까지 완벽해지지는 않을 것이다.
그러나 죽는 그날까지 나의 글을 쓰고 싶다.
저 시커먼 구름 너머로 장마가 시작되고
올해가 가고 내년 해가 넘어가기 전에는
또 완벽하지 않아도 괜찮아, 제2권을 쓸 것이다.

이렇게 살다 보면 곧 괜찮아지겠지,
모든 것은 다 지나가는 법이니까.

2024. 7. 8.

애처로운 시를 위한 시

사랑의 주님!
나에게 하늘의 노래와 저 시커먼 구름 속에 가려진
천국의 주님 나라를 사모하게 하소서.

신앙생활을 하면서도
아직도 주님의 말씀을 깨닫지 못하나이다.
내 귀를 열어 천국의 말씀들을 하나하나 옮겨놓을 수 있도록
닫혀 있는 귀를 열어 깨우치게 하옵소서.

사랑 많으신 나의 하나님이시여!!!
태초에 당신이 지으신 시를 나에게도 주시옵소서.
지금의 시를 위하여,
고통받는 시를 위하여,
주님의 아름다운 시를 내게도 주시옵소서.

마리아 머릿결처럼 순결한
모순되지 않은 회개의 시를 쓰길 원하오니
그런 당신의 능력을 내게도 주시옵소서.

내 찬양이 아름다운 시가 되고
더 감동과 울림이 있는 찬양을 올릴 수 있도록
목청을 북돋아 주옵소서.

내가 찬양을 올릴 때

자매님 한 분 한 분 은혜 충만하게 하시고
오직 주님만을 경배하는
그런 주님의 종이 되게 하소서.

나보다 나를 더 잘 아시는 나의 하나님이시여,
내 애통함을 들으시고
내 눈물이 헛되지 않게
이 죄인을 구원하여 주시옵소서.

그리고 아주 중요한 것은
주님처럼 모두를 용서하는 회개의 시를 쓸 수 있도록
아둔한 내 머리를 깨우치게 하소서.
슬픈 시를 위한 시를 쓸 수 있도록
주님의 시를 저에게도 주시옵소서.

2024. 7. 9.

아픈 기도 1

몸이 아프니 마음도 아픕니다.
엉치뼈가 아파서 못 걸으니 창밖만 바라보며 기도합니다.

내 기도는 어리숙하지만 진솔한 눈물의 기도입니다.
내 영혼을 깨끗이 씻겨 주고
나를 한없이 착하게 만들기도 합니다.

내 기도는 쉴 줄도 모르고
욕망의 발길을 멈추게 하며 무릎을 꿇게 합니다.
기도는 입술로 하는 것이 아닙니다.
비가 오고 해가 뜨고 바람이 불 것을 믿고
논에 모를 심는 농부의 믿음 같은 마음입니다.

기도는 돈을 구하고 명예나 이익을 구하는 것이 아닙니다.
굶주린 사람에게 먹을 것을 나누어주고
헐벗은 사람에게는 입을 것을,
절망 속에 있는 사람에게는
희망의 밧줄을 내려주는 것입니다.

나도 그 동아줄을 잡고 일어나서
지금 감사로 기도하고 있습니다.
보잘것없는 내 기도는
순결하면서도 가난한 기도입니다.
나의 궁핍한 생활을 통해서도

나보다 어려운 사람들을 도와줄 수 있는
그런 기도를 하고 싶습니다.

내 기도는 절망하지 않습니다.
좋은 것만 골라서 감사하지 않으며
늘 범사에 감사하려 합니다.
죽음 직전에서 나를 건져 주신
하나님의 은혜를 결코 잊지 않고,
나처럼 어려움에 처해 있는 나의 멤버들,
그리고 많은 지인들 한 분 한 분에게
하나님 말씀을 전하는 것이 나의 소명입니다.

지금 기도하듯 창밖을 보니
어둠이 들어오기 시작했습니다.
나는 더 낮은 곳으로
겸손의 길을 가는 중입니다.

2024. 7. 12.

아픈 기도 2

오랜 세월 살아오면서
내가 잃은 것과 얻은 것을 계산해 보니
자랑할 것이 하나도 없네.

많은 세월을 헛되이 보내고
삶의 끝자락에서 하나님을 만나
이제서야 겨우 감사함 느끼며 살고 있네.

육십 후반의 늦은 나이에
인생의 아픔을 겪고서야
하나님의 십자가를 부여잡았네.

하나의 태양이 이 넓은 세상을 골고루 비춰준다는
깨우침을 알아차린 어느 날 아침의 기쁨
나는 왜 새로 태어나는 아침마다 이리도 목이 아픈가?
살아갈수록 나의 기도는 왜 이리도 무기력한가?

지금은 다리 관절이 아파서 삶이 더욱 무거워졌지만
내 마음은 산으로 가는 바람처럼,
호수 위를 나는 흰 새처럼 가볍기만 하네.
엉치뼈도 아프고 마음도 아픈 어느 날
그래도 함께 아파하며 걱정해 주는 사람들이 있어
예쁘고 고마웠다.

나의 참을성을 시험하듯 어쩌다 그랬냐,
이것저것 따져 묻는 사람들이 조금은 미웠다.
어디가 아프면 온통 아픈 곳만 신경 쓰이는 법
아픔의 끝은 어느 날의 죽음일 테지만
죽음보다 아픔이 두렵다니,
그런 날이 내게로 오는 것이 참으로 두렵지만
그래도 오늘은 괜찮다고 웃어보는
오늘의 행복이여……

2024. 7. 15.

마음껏 울어보자

너 혼자만 외롭고 쓸쓸하고 뭔가 허전한 듯
옆에 있어야 할 것들이 없어 초라해 보일지 모르지만
조금도 두려워하지 말고 큰소리로 울부짖고 눈물을 흘려보자.
그 눈물이 너를 약하게 만들지는 않을 테니……
마음껏 슬퍼해 보자. 눈물을 쏟고 소리쳐 울어보자.
눈물이 빗물 되어 너의 아픈 상처를 깨끗이 씻어줄 테니……

상실한 모든 것들에 대해 가슴 아파하고 마음껏 슬퍼하자.
온 세상이 그대에게 등 돌린 것처럼
시간이 지나면 상처는 아무는 법
눈물로 가슴 아파했던 얼룩진 옛 시간들을 되돌아보며
아픔을 이기게 해준 눈물의 힘에 감사할 것이다.
두려워 말고 마음껏 소리치며 울어보자.

그리고 항상 기도하자.
위험을 모면하게 해달라고 기도하지 말고, 조금도 두려움 없이
위험에 직면할 수 있는 힘을 달라고 기도하라.
고통을 멎게 해달라고 기도하지 말고,
그 고통을 이겨낼 가슴을 달라고 통성 기도하라.
두려움 속에서 근심하며 구원받기를 기도하지 말고,
스스로 헤쳐나갈 수 있는 인내심을 달라고 기도하라.
간절한 눈물의 기도는 반드시 이루어질 것이다.

2024. 7. 20.

하나님 나라

사랑 많으신 주님, 성스러운 주일을 맞이하여
주님 앞에 두 손을 모읍니다.

하나님은 내 마음의 창입니다.
주님 계신 하늘나라는 내 마음의 거울입니다.
그 하늘 밑에 사는 나는
어느 곳에도 숨을 곳이 없습니다.
넓은 하늘의 끝은 어디일까요?
연약하기만 한 나에게는 늘 하늘이 있어 좋았고
하루에도 수없이 하늘을 바라봅니다.
언젠가는 하늘이 수평선 끝에 맞닿은 줄 알았습니다.
달 뜨는 저 산자락에 하늘이 붙어 있는 줄 알았습니다.

주님이 계신 저 높은 하늘에
내 기도의 해답이 있을 것 같아서
숨 가쁜 고비마다, 삶이 지치고 힘들 때마다
늘 하나님 계신 저 높은 곳을 향하여
날마다 기도드렸습니다.
미움과 시기가 존재하지 않는 곳,
오직 정직과 겸손, 감사가 넘치는 것 같은
그런 하늘이 있어서 늘 좋았습니다.

나보다 나를 더 잘 알고 계시는 하나님의 처소가
저 높은 하늘에 있을 것 같아

늘 우러러보는 하늘입니다.
아픈 과거에의 집착은 퇴보입니다.
이제 주님께 회개함으로써 주님의 손을 잡을 때입니다.
후회도 아픔도 모두 지나갑니다.
지금 마주하는 이 순간이 바로 내 것입니다.
하나님이 주신 기회는 바로 지금입니다.

보잘것없는 이 죄인도
주님께서 손을 잡아주셨나이다.
알코올이란 시궁창에 빠져 허우적거리던 이 사람도
주님은 사랑의 손으로 건지셨나이다.

맹세하건대 주님이 붙드시면
이 목숨 죽는 날까지 주님의 일을 하겠나이다.
부디 제 손을 잡아주셔서
주님의 나라로 이끌어 주시옵소서.

사랑이 넘치시는 예수님의 이름으로
기도드렸사옵니다.

2024. 7. 28. 새벽기도에서

작은 자의 기도

너무 힘들었던 요즘이었습니다.
가만히 나의 내면을 들여다보니 모든 것이 나의 부족함과
나를 내세우려는 어리석음 때문이었습니다.

오늘 주일 예배를 보면서
주님께서 제 가슴으로 오셔서 나를 깨우치게 하시니
내 눈에는 참회의 눈물이 쏟아졌습니다.

지금의 내 모습은 초라하지만
내 찬양하는 모습은 감히 자랑할 수 있습니다.
목소리가 좋아서가 아니라 나의 찬양은
가슴으로 주님께 올려드리기 때문입니다.

내 모양은 일그러졌지만
내 기도하는 모습은 거듭거듭 진솔합니다.
내 몸속에 흘러내리는 피는 깨끗하지 못한 검붉은 색이지만
내 영혼에서 터지는 눈물은 아주 맑은 유리알 같습니다.

내 눈은 나를 볼 수 없지만
당신의 눈은 영원히 나를 지켜봐 주십니다.
끝까지 잘 지켜봐 주십시오.
올바르게 주님을 섬기면서 내 주위의 모든 사람들도
사랑으로 돌보도록 하겠습니다.

내 영혼이 이 무더위 속 시원한 그늘로 들어가서
그대들을 사랑하는 법을 배우겠습니다.

내가 주님을 알듯이
주님도 저를 잊지 마시고 긍휼을 베푸소서.
내가 주님을 신뢰하듯이 저를 주관하여 주시고
나의 정한 마음을 흔들림 없도록 이끌어 주시옵소서.

주여!!! 내 귀를 열어 주소서.
내 영혼을 깨워 주소서.
주님은 내게 끝이 보이지 않는 알 수 없는 목마름입니다.
성스러운 주일 내 고독한 가슴속에 주님을 묻고
아름다운 주일, 아름다운 시를 써봅니다.

내 영혼은 주님의 것입니다.
한 조각씩 부서져 나가는 나의 업보를 주님께 맡기고
내 탓이오, 다 내 탓이오, 가슴에 새기면서
한 모금의 목마름으로 내 마음의 시로 목을 적셔봅니다.

성스러운 주일 온전히 주님만을 경배드립니다.
아멘.

2024. 8. 4.

예수님께 보내는 편지

세상은 온통 푸른 빛
작열하는 태양 아래 가슴은 따뜻해지고
당신 계신 하늘만 봐도 눈물이 납니다.

매일 아침 눈을 뜨면 하얀 햇살 맞으며
기도로 하나님을 만납니다.
세상은 당신이 위대하신 분이라는 것을 알았어도
당신을 믿지 않았습니다.
세상은 주님을 바라보았지만
당신을 위해 울지는 않았습니다.
이 세상에서 가장 귀하신 분은
오직 당신 한 분, 예수님뿐입니다.

주님, 당신은 나의 생명입니다.
주님의 사랑으로 가득 찬 오늘 고백합니다.
난 아직도 주님을 믿는 믿음이 너무 부족한 사람입니다.
온전치 못한 세 치 혀로 주여! 주여! 부르짖지만
부끄러운 믿음으로 다시 한번 나의 구주 예수님께
회개의 기도를 드리오니 저의 기도를 받아 주시고
불 같은 성령으로 저를 받아 주소서.

십자가의 고통 끝이 없어 난 아파할 수도 없습니다.
난 눈물을 토해내며 당신을 그리지만
당신은 온몸을 찔려 쏟아낸 피로써 날 창조하셨나이다.

모든 것을 용서하시는 주님,
그 모습으로 나를 용서하소서.
부끄러운 내 모습으로 진정한 나의 찬양 드립니다.
겨자씨 같은 믿음으로 감사드리지는 못하지만
하나님께서 날 위해 눈물 흘리시며 내 손을 잡고
끝까지 주님 곁에 오게 하십니다.

아무것도 할 수 없는 내게
하나님의 글을 쓸 수 있는 재능을 주신
나의 구세주여!!!

난 오늘도 울지 않았습니다.
주님의 가난함으로 부유하며
주님의 눈물로 즐거워하며
주님의 목마름으로 생명수를 마시면서
난 오늘도, 내일도 행복할 겁니다.

2024. 8. 14.

님들에게

나도 내가 누구인지 몰라
오늘은 님들에게 묻고 싶습니다.
겨우 술에서 깨어나
맑은 정신으로 사는가 싶었는데
아직도 내 안에는 미친 정신과
조급하고 서투른 나를 봅니다.

잠에서 깨어나 거울 앞에서 바라본
낯선 얼굴의 나
신앙생활을 하면서도 메마른 내 심령의 밭에는
아무것도 자랄 수가 없습니다.

존귀하신 하나님 말씀의 씨앗을
내 영혼의 밭에 뿌리고 싶습니다.
내 영혼의 심령에서 신앙심이 커가고
찬양이 넘쳐납니다.

밤길을 걷다 나를 따라붙는
나보다 큰 나의 검은 그림자가
두렵고 낯설기만 합니다.
이젠 내가 나와 친해질 때도 되었는데
갈수록 나에게서 멀어지는 슬픔

아직도 나를 찾지 못하는 부끄러움에

오늘도 마음 아파하는 나에게
님들이여, 아무 말이라도 좀 해주세요.

내 잘못을 진심으로 참회하고 나서야
처음으로 맑고 투명해진 나의 눈물 한 방울
님들에게 선물로 드리고 싶습니다.
때로는 눈물도 선물이 된다는 걸
님들을 사랑하고 나면서야 알게 되었습니다.

회개하는 눈물은 아름다운 사랑이 되고
나에게 님들이 계시다는 것은
주님이 주신 축복입니다.
개망나니 같았던 나를 기다려 주셔서 고맙고,
나를 용서해 주셔서 감사합니다.
그래서 나는 지금도 님들을 위해 기도의 손을 모으고
아침에도 저녁에도 기도합니다.

하늘과 사람의 아름다움을 보여준
나의 귀한 님들이여……

2024. 8. 19.

주님! 이렇게 살게 하소서

아침에 눈을 뜨고 오늘 하루의 기대와 설렘으로
하루를 시작하게 하옵소서.

항상 미소를 잃지 않고 나로 인하여 남들이
얼굴 찡그리지 않게 하여 주옵소서.
하루에 한 번쯤은 하늘을 쳐다보고 드넓은 바다를 보며
넓고 깊은 마음을 상상할 수 있는 여유를 주옵소서.
시간이 나면 한 권의 시집을 보며 시상을 떠올리고
아름다운 시 한 편을 쓸 수 있게 하시고,
주변의 지인들과 다정하고 오붓한 시간을 갖는
여유를 주시옵소서.

작은 일에 감동하는 순수함과
남의 아픔엔 같이 아파하고
큰일에도 두려워하지 않고 담대할 수 있는
대범함을 지니게 하시며
치밀하면서도 적극적이고 다정다감한
주님의 종으로서 손색없는 사람이 되게 하옵소서.

솔직히 시인할 수 있는 용기와
남의 허물을 따뜻이 감싸줄 수 있는 포용력으로
나를 미워하는 사람을 위해 기도해 줄 수 있게 하소서.
고난과 역경을 끈기있게 참을 수 있는 인내를 키워주시고,
남의 허물을 보지 않고 오직 나의 허물을

반성하는 노력을 게을리하지 않게 하시며,
매사에 충실하여 위험한 상황을 빠져나가려는
기회주의자가 되지 않게 하소서.

매일매일 주님을 찬양하며 보람과 즐거움으로
충만한 하루를 마감할 수 있게 하옵소서.
나는 주님 손에 건짐을 받았나이다.
혼탁하고 처절한 죄의 수렁에서
하나님의 강한 손에 이끌리어 살아났습니다.
아직도 악의 구렁텅이에 있는 자들은 어찌하나이까.

이제 하나님의 종이 된 제게도
복음을 전할 수 있는 축복을 주옵소서.
제 친구 노병주 목사님께서는 매월
청송교도소 목회를 가셔서 아픈 영혼들을
하나님 말씀으로 건져내려 하십니다.
아무것도 못하는 제가
늘 안타깝고 다급함이 있나이다.

주여!!!
아침의 빛은 찬란하지만
저녁의 황혼빛은 잔잔히 아름답습니다.
머리는 백발이 되고 주름은 깊이 파였지만
이제부터라도 주님의 일을 하겠나이다.
아멘.

2024. 8. 26.

나는 누구인가

다른 사람들이 보는 나는 누구인가?
누군가 말하기를, 알코올 중독을 끊어내고
금연을 하면서 불행했던 중독에서 빠져나와
마치 인간 승리에 익숙한 자와 같이 평화롭고
착한 미소 지으며 온순한 사람으로 변해 간다고 한다.

나는 정말 다른 사람들이 말하는 그런 존재인가,
아니면 나 자신이 알고 있는 사람에 불과한 것인가?
새장에 갇힌 새처럼 불안하게 뭔가를 갈망하다 병이 들고,
나의 손이 나의 목을 조르고 있는 듯 숨 가쁘게 몸부림치며,
아름다운 꽃들과 새 소리 바람 소리를 갈구하며
한 편의 시를 쓰는……
또한 부드러운 말과 인간적인 친근함을 그리워하고
사소한 모욕에도 분노로 치를 떠는……

그러고도 하나님을 경배하며 은혜받기를 은근히 고대하고
저 멀리 있는 친구들을 그리워하다 힘없이 슬퍼하며
기도하고 생각하고 글 쓰는 일에도 지치고 텅 빈 허무한 마음,
무기력하게 그 모든 것과 이별할 채비를 갖춘 그런 존재

나는 누구인가?
이것인가 저것인가?
오늘은 이런 인간이고 내일은 또 다른 인간인가?
아니면 동시에 둘 다인가?

타인 앞에서는 위선자이고
자기 자신 앞에서는 경멸할 수밖에 없는
가련한 인간인가?

나는 누구인가?
이 고독한 물음이 나를 비웃는다.
분명한 것은 내가 누구이든 하나님은 안다.
내가 주님의 것임을……

2024. 8. 27.

알코올 중독자의 소망

술에 미쳐 날뛰던 시절
수많은 타인들이 붉은 혀로 날 비웃었습니다.
난 거의 식음을 전폐하고 술로 인생을 망가트렸습니다.
난 버림받은 자였습니다.
주님이 나를 잡아주셔서 겨우 살아난,
이 땅에서 일어나는 모든 일들에서 배신당한 죄인입니다.

내가 다시 주님 손을 잡고 기적적으로 살아난 것은
주님께서 단주 모임인 A.A.모임으로 인도했기 때문입니다.
감히 상상도 하지 못할 고통을 통해
감히 상상도 하지 못할 사랑으로 내 손을 잡아주신
사랑 많으신 주님, 나는 주님께로 가렵니다.

난 집도 없고 가난합니다.
하지만 근심 걱정 없는 주님의 사랑을 먹고 사는
아주 행복한 사람입니다.
내 모습이 추하게 보일지는 모르지만
내 찬양하는 모습은 진실로 주님께 올려드리는 찬양이므로
감히 자랑할 수 있습니다.

주님께서 사랑의 눈물로 나를 깨끗이 닦아 주셨습니다.
온몸으로 날 완전히 사랑하십니다.

나의 몸에 박혀 있는 잿빛 하늘과 쓰디쓴 아픔과

웃는 교만이 십자가에 고이 스며듭니다.

내 사랑은 이 가을하늘의
깨끗한 뭉게구름밖에 사랑할 수 없지만
주님의 사랑은 이 가을 모두를 사랑하십니다.

내 시는 여기서 멈추지만
하나님의 시는 구약 말씀부터 시작해서
신약으로 이어졌고 지금까지 이어지고 있습니다.

지금 가을하늘이 너무 예뻐서 무릎 꿇고
주님 계신 하늘을 보며 이렇게 기도합니다.
주여!!!
새롭게 거듭나게 하소서.
내 기도 소리를 들으시고
나를 깨끗이 씻으시고 새롭게 하셔서
하얀 밤에 흘린 눈물로 주님을 사모하게 하소서.

새롭게 태어나게 하셔서 나의 사랑을 받아 주소서.
내 가진 모든 것을 내려놓고
주님만 사랑하게 하소서. 아멘

2024. 8. 28.

청평호의 아침

포기할 수 없는 삶
어둠을 갈라내는 해와 벗하여
험난한 세상을 살아내며 인내하고 살다 보면
세상의 숨결이 전해져 온다.

어둠이 사라진 이른 아침
맑고 그윽한 영혼의 세계가 사방 뻥 뚫린
낚시 좌대에 내리쬐는 은빛 햇살
잔잔한 청평호를 투영하는 이른 아침

잔잔한 음악을 틀어놓고
온기 가득한 믹스커피 한잔
피곤한 몸을 녹인다.

청평호여,
너는 컴컴한 밤에도
물안개 그윽한 새벽에도
눈 부신 햇살 비치는 이 아침에도
여전히 아름답구나.
네가 있어서 내가 여기 오고
네가 있음으로 난 글을 쓸 수 있다.

2024. 8. 29.

너, 너무 잘하려고 애쓰지 마라

잘 해보려고 했습니다.
사막 같았던 인생길 앞에서 막막하기만 했던 날들을
잘 해보려고 노력도 했던 것 같습니다.

사업 수완도 좋았고 많은 돈도 벌었지만
알코올에 무력했던 나는 모든 것을 잃어버렸습니다.
참으로 이상한 것은 경제적으로 조금 어려움이 있는 지금이
여유 있던 시절보다 훨씬 마음이 편하다는 것입니다.

지나온 길을 돌아봐도 굳이 되돌아가고 싶지 않습니다.
나는 잘나지도, 또 못나지도 않았습니다.
오직 세상 많은 사람 중의 한 사람,
우주에 떠 있는 별 하나,
81억 2천만 명 중에서 들에 핀 한 송이 꽃,
그 꽃 중에서도 하나뿐인 너의 꽃,
나 자신을 토닥거려 주려고 합니다.

나의 장점을 찾아봅니다.
지금도 나는 글을 쓰고 있고 독백집도 냈으며
내 손에는 아름다운 시가 쥐어져 있으니
이 얼마나 행복한 일인지 모릅니다.

무엇을 잘해보려 애쓰지 않으려고 합니다.
여태껏 잘해보려고 애써 봤지만

지금의 모습이 나의 본모습이고
지금 잘하고 있으니 자책하지도 말고
너무 잘하려고 애쓰지도 말자, 생각하며
지금처럼 주어지는 대로 하면 될 것입니다.

조금씩 모자라거나 좀 삐뚤어진 구석이 있다면
다시 하거나 고쳐서 하면 됩니다.
나는 오늘도 많은 일들을 겪어냈고
견딜 수 없는 고통도 잘 참아냈습니다.
나름대로 최선을 다한 셈이지요.
나 자신을 칭찬해 주고 사랑으로 보듬어 안아주렵니다.
오늘 하루를 기대한 것같이
내일을 또 믿고 기대해 보겠습니다.

오늘의 일은 오늘로써 다 끝났고
오늘 일로 충분할 겁니다.
나, 너무 잘하려고 애쓰지 않을 겁니다.
오늘도 고생했습니다.

2024. 9. 3.

내 귀를 열어 주소서

가진 것 없어도 맑고 밝은 웃음으로
기쁨의 깃을 치며 오늘 하루를 살게 하소서.

어제보다 좀 더 잘 들으라고 저에게 또다시
새날의 창문을 열어 주신 나의 하나님
내 말을 많이 하기보다는 상대방의 말을
잘 경청해야만 사랑이 이루어짐을
들음의 삶으로서 화합의 삶을 보여주신 하나님

내가 먼저 말하기 전에
듣기를 먼저 배우는 겸손한 어린아이의 모습으로,
현재의 순간이 마지막인 듯이
성심을 다하는 신앙인의 모습으로,
경청의 여정을 다시 시작하는
들음의 사람이 되게 하소서.

가진 것은 없어도 기쁨의 깃을 치는
오늘을 살게 하옵소서.
나의 내면에서 고요히 들여다보기보다는
항상 바깥일에 바삐 쫓기며,
듣기보다는 내 말을 많이 하며
매일을 살아가는 나의 모습
대충대충, 빨리빨리, 건성으로 해치우려는
나의 모습을 자주 보게 됩니다.

각자의 생각에 빠져 참 대화가 되지 못하고
혼자의 독백으로 머무를 때가 많습니다.
바쁘다고 밀쳐두었던 나 안의 나를 조용히 들여다봄으로써
내가 해야 할 일, 하지 말아야 할 일을 잘 구별하며
내밀한 내 양심의 소리에 더 깊이 귀 기울여
내가 할 말은 적게 하고 상대방의 말은 잘 경청할 수 있도록
나의 귀를 열어 주시옵소서.

끈적끈적한 나의 목숨과 내 모든 고통까지
이 모든 것을 주님 앞에 던져버리고
닫힌 입으로 침묵으로 일관하며 주님만 섬기면서
내 모든 것 온전히 주님께 속하고 싶습니다.

2024. 9. 20.

가을비

가을비가 시원스레 내리고 있습니다.
아주 오래된 기억이 떠오릅니다.
20대 초반이었으니 40년도 넘은 낡은 기억입니다.

그때도 가을이었고 이렇게 가을비가 쏟아졌습니다.
쏟아지는 빗줄기 속에 작은 우산을 쓰고 나란히 팔짱을 낀 채
걸었던 때를 생각하니 지금도 가슴이 쿵쾅거립니다.

발목과 어깨까지 축축이 젖어왔지만
비를 의식하기보다는 서로의 호흡을 느끼면서
주고받던 이야기가 무르익으며 우리의 사랑도
뜨겁게 익어갔던 그때의 기억이 지금도 생생합니다.

서로의 손을 포개 우산을 잡고 전혀 어색함 없이
어깨와 어깨 사이가 좁아지고 사랑 여행을 했던
아련한 기억, 이젠 백발의 노년이 되어
창밖에 쏟아지는 가을비를 보며 씁쓸한 웃음 지어 봅니다.

가진 것은 없지만 밝은 웃음으로
오직 예수님만 사모하며 내 가슴에
골고다의 언덕에 피 흘리신 십자가를 새기면서
오늘 하루도 겸손함 속에서 살게 하옵소서.

이제 며칠 후면 내 인생에 마지막 여행을 떠나려

계획하고 있습니다.
예측할 수 없는 일들을 무릅쓰고 먼 길 떠나는
철새의 당당함으로, 텅 빈 가을 하늘을 날아가는
고독과 자유를 느끼면서 낡은 자전거지만 나의 애마로
멋진 동해안 바다를 끼고 울산, 포항, 부산을 기점으로
황금물결 치는 논두렁과 고개 숙인 벼를 보며
인생을 배우고, 가을 햇살로 넘쳐오는
주님의 축복 에너지를 받고 달릴 것입니다.

지금 나의 선택은 나 자신에게서 도피하듯
도망치는 것이 아니라, 좀 더 따뜻한 인생을,
님들을 더 사랑할 수 있는 삶을 배우고 싶은
가난한 마음이기에 모든 것을 버리고도
넉넉할 수 있음이니 이 또한 주님의 축복입니다.

내 삶이 가을하늘의 평온한 뭉게구름처럼
날마다 새가 되어 새로이 떠나려는 내게
더 이상 마음의 상처를 받는 슬픔은 없을 것입니다.

이제 빗줄기는 작아지고 있습니다.
또다시 나락을, 과일을 풍성하게 익힐
뜨거운 태양이 뜰 것입니다.
혼자 보내는 시간이야말로 내가 나를 돌아볼 수 있는 시간,
더 보람찬 삶을 살아내기 위해 고독 속에서
나를 길들이는 시간입니다.

2024. 9. 21.

가을 여행

어디라 할 것 없이 길 떠나고 싶다.
황금빛 가을 들녘 가로질러 초록이 벗어지는
저 산 너머 푸른 동해 바다의 싱싱함을 만나고 싶다.

딱히 만나볼 사람도 없으면서 울컥 만나고픈 얼굴이 있다.
반드시 그를 만날 까닭이 있었던 것은 아니다.
꼭 할 말이 있었던 것은 더욱 아니다.

가을하늘의 뭉게구름을 바라보면서 서서히 익어가는
고즈넉이 황금 물결치는 논두렁 옆에 차를 세워놓고
자전거로 수로 위 논두렁길을 조심스레 달리고 싶다.

외로울 때 혼자 떠날 수 있다는 것
푸른 물결 춤추는 동해안 바닷가를
자전거 페달을 힘차게 밟으며 달리다가
자그마한 포구를 만나면
생선회 한 접시 먹을 수 있다는 것

아~ 이 행복함이여~
저녁이 오면 다시 차로 돌아와서
침낭 속으로 들어가 배추벌레처럼
꿀잠을 잘 수 있다는 것
없는 자의 여유로움이여~
너는 진정한 자유인이다.

두셋이 길 떠나는 여행보다 오직 혼자서
누구와 의논하지 않고도 더 당당하게
나 하고 싶은 대로 내가 가고 싶은 대로
아무 곳이나 가을 길이라면 가면 된다.
그 길 위에서 차를 세워놓고 가을을 쓰면 된다.

가을아, 너를 사랑한다.
낙엽 지고 나목이 될 때까지 너를 사랑할 것이다.
너 오늘 혼자 외롭게 달리고 있음을 힘들어하지 말아라.
나 스스로 당당한 자유인으로, 멋진 모습으로
이 가을이 다 가기 전 돌아올 것이다.
가을의 햇빛과 바람은
나에게 용기와 희망을 줄 것이다.
그날이 빨리 왔음 좋겠다.

2024. 9. 23.

조금 부족해도 괜찮아

조금 못 배웠다고 다 무식한 것은 아니다.
생활이 궁핍하다고 해서 인색한 것만은 아니다.
부자라고 해서 다 후한 것만도 아니다.

그 사람의 됨됨이에 따라 가치가 판단된다.
넉넉함으로 하여 삶이 풍성해지고
인색함으로 하여 삶이 궁색해 보이기도 하는데
만물의 생명들은 서로 나누며 소통하게 되어 있다.
그렇지 않은 사람은 길가에 굴러가는 돌멩이와도 같다.

조금 부족하다고 하여도 잘못된 것은 아니다.
부족한 사람은 노력을 하지만
채움으로 가득 찬 사람은 교만해져서
자기의 인생을 그르칠 수가 있다.

내 마음이 바로 서면 세상은 온통 환하게 보인다.
빨아서 풀 먹인 모시 적삼같이 사물은 싱그럽게 보일 것이다.
내 욕심이 욕망으로 일그러졌을 때 진실은 눈이 멀고
거짓과 가식으로 세상은 컴컴해질 것이다.

먹어도 먹어도 배가 고픈 욕망 무간지옥이 따로 있는가?
명예와 권세와 재물을 좇는 자는 결국은
피비린내 나는 고통을 겪어야 할 것이다.

머리는 좀 모자란 듯하고 가진 것도 많이 없지만
나는 항상 감사하고 부족함이 없는 사람이다.

이제 길 떠날 채비는 끝났다.
맑고 푸른 가을하늘, 그 아래 떠 있는 뭉게구름
황금 물결치는 가을 들녘,
그 위에 흰 억새풀들이 물결친다.
한가한 고추잠자리떼 춤을 추고
달달한 가을바람이 코끝을 스쳐 간다.
난 이런 가을을 그리며 손꼽아
길 떠날 채비를 하고 있다.

조금 부족하면 어떠한가?
조금 가난하면 어떠한가?
나는 매일이 행복하고 감사에 넘쳐
진정한 자유인이 되고 싶다.
부자보다는 가난하더라도 정신과 육신이
건강한 사람으로 살고 싶다.

난 달릴 것이다, 고성 동해 바다로
푸른 물결치는 바닷가를
비린내 나는 생선 냄새 맡으면서
부산 자갈치시장까지 달리고 싶다.

2024. 9. 27.

인생도 여행이다

혼자 떠나가는 라이딩 가을 여행
문득 내 손 잡아주며 잘 다녀오라는 그대들을
생각할 때 인생은 소풍길이라는 풍경

혼자 길 떠나면 여럿이 다닐 때보다
더 잘 보이는 풍경이 있다.
누구에겐가 소외받은 마음 들 때 들리는 소리가 있다.

내 안의 나한테 '너 지금 잘하고 있는 거니?'
수시로 물어보지만 잘하고 있는 것 같지는 않다.
힘들고 지치고 고달픈 날들 속에
인생은 고행이 아니라 여행이라 생각하며
가을 하늘에게, 구름에게, 스쳐 가는 바람에게
항상 감사하며 살아야겠다.

나에게 하루는 신이 주신 선물이다.
나도 이제는 당신에게 소중한 선물이 되도록
라이딩하며 많이 생각하고
가을 여행을 통해 인생을 배우고 싶다.

2024. 9. 28.

나의 예수여

생각만 해도 감정이 복받쳐 오르는 정다운 당신
이름만으로도 내 가슴에 빛나는 별이 되고 싶습니다.

고성부터 라이딩하며 속초, 강릉, 삼척, 울진, 포항,
울산을 거쳐 동해 바다의 향기를 몽땅 먹어 치우고
낙동강 하구에서 차박을 하며 당신의 도움으로
한 주의 라이딩 여행을 잘 마쳤나이다.

나의 예수여!!!
당신의 모습에서 매일매일 새롭게 태어나는 이 죄인도
별이신 당신을 닮아 또 다른 별이 되게 하소서.
밤하늘에 별처럼 반짝이지는 못해도
나의 예수여! 내가 진정으로 당신을 사모하면
또 하나의 별이 될 수 있음을 내가 아나이다.

약간의 가을비가 멈추고 시커먼 밤하늘에
예쁘게 반짝이는 별들을 보며
먼 길을 걸어서 마침내 당신과의 만남을 이룬
동방의 현자들처럼 나의 고귀한 여정의 길을
간구의 기도로 주님을 사모하면서
작은 신앙으로 당신을 만나뵙기 원하오니
예수여, 내 기도를 들어 주소서.

비록 믿음도 향기도 부족하여

내 마음의 가난한 예물이 될지라도
나를 잡아주신 당신의 뜨거운 사랑으로
도적 같은 이 죄인을 용서해 주시리라 믿습니다.

나의 예수여!!!
항상 감사하고 고맙다고 성급하게 말해버리기엔
부끄럽고 송구하여 숨고만 싶어지는 내 마음의 기도는
감사 이전에 준비된 회개의 눈물임을
당신은 알고 계십니다.

당신을 영접하기 전
세상에서 방황하고 힘들어 많이도 울었나이다.
당신을 만난 지금 비록 가진 것은 없어도
당신을 사랑하는 마음만으로도
행복한 부자인 내 자신을 축복하게 하소서.

나의 예수여!!!
내가 당신을 진정으로 사모합니다.
이것은 내가 당신께 드리는 처음과 끝의
가장 소박하고도 진솔한 기도이게 하소서.
나의 예수여!!!

                              2024. 10. 6. 낙동강 하구에서

아침의 묵상

내가 하나님을 믿는 사람이라면
더 큰 믿음으로 주님을 섬기게 하소서.

내가 외로운 사람이라면
나보다 더 외롭고 갈 곳도 없는 사람을
생각하게 하소서.

경제적으로 궁핍하다고 생각되거든
잠잘 곳도 없는 노숙자들을 생각하게 하소서.

고요히 묵상하는 이 아침에
주님의 거룩함을 닮아가게 하소서.

주님을 만나기 위해 조그만 내 골방에서
조용히 묵상함으로써 주님만 바라보게 하소서.

두 손을 모으고 기도함으로써
주님의 가르침을 받게 하소서.

교만을 뿌리치고 겸손함으로써
무장하게 하소서.

2024. 10. 15.

가을비

잿빛 하늘이 가을비를 떨군다.
창밖의 모과나무 잎새들도 반쯤은 노오란 단풍이 들고
남은 잎새마저도 빠르게 물들어가고 있다.

가을바람이 싣고 오는 가을비인가,
가을비가 바람을 싣고 오는가?
혼자서 창밖을 보며 감당하는 고독의 맛은
씁쓸하고 씁쓸하여 오히려 달콤한 향기를 뿜어낸다.

이럴 때는 맛있는 믹스커피 한잔에
오래전 버려버린 담배 한 개비 입에 물고
폐 속까지 빨아들인 담배 연기를 뿜어내면서
내 삶도 토해내고 싶다.

얼마 전 동해안 구석구석 해안도로를 따라
긴 라이딩 여행을 다녀왔다.
가을 경치 속에서 잃어버렸던 나를 찾아오기도 했다.
흰 구름 뭉게뭉게 떠도는 쪽빛 하늘, 쪽빛 바다,
하나둘 자리잡은 섬들이 고요하게 떠 있는 동해 바다,
오랜 시간 너를 향한 그리움으로 애간장 태우다가
가을, 너를 만날 때마다 볼수록 아름답고
벅찬 가슴 뛰어오르는 행복이다.

이제 꽃 피는 봄이 오면 서해안 바닷가 쪽으로

태안 앞바다, 만리포해수욕장 해안도로를 밟으며
목포, 여수 밤바다를 보고 제주까지 라이딩 완주를 할 것이다.

혼자 하는 여행이 쓸쓸해 보이지만
아름다운 바다가 있고 산과 들꽃들이 친구가 된다.
매일을 살아가면서 밀쳐놓았던 나를
조용히 돌아볼 수 있는 시간,
미처 되새기지 못했던 삶의 깊이와 무게를
고독 속에서 헤아려볼 수 있으므로
어쩔 수 있는 것과 어쩔 수 없는 것을 잘 구별하며
나를 성숙시키기 위한 시간,
고독 속에서 나를 길들이는 감사한 시간이 될 것이다.

이 가을비가 멈추면 또다시 청명한 가을
쪽빛 하늘이 나타날 것이고,
그 하늘길에 떠도는 한 조각 뭉게구름처럼
아무 매인 것 없는 나를 밀어내는 바람이 있어
나는 혼자서 길 떠나도 외롭지 않다.
진정한 날개를 달고 진정한 자유인으로 살고 싶다.

          2024. 10. 22. 비 오는 아침에

나의 예수여!

내가 진정으로 당신을 믿고 사랑할 때
멀리 있던 행복도 내 앞에 있고
저주의 말은 찬미의 말로 바뀌며
불평의 말은 감사의 말로 바뀌는 것을 내가 아나이다.
절망은 희망으로 일어서고 하찮고 별 볼 일 없던 오늘 하루가
희망의 페달을 밟으며 당신 곁으로 달려갈 때
아름다운 찬양이 울려 퍼지는 것을
당신의 은총 속에 깨우치게 합니다.

나의 예수여!
당신을 향한 그리움이 어느새 감기 기운처럼 스며드는
냉랭한 가을, 작은 바람에도 잎이 떨어질 때마다
한 움큼의 시들을 쏟아내는 나무여, 가을바람이여,
하늘은 높기만 하고 나의 기도는 더욱 간절해집니다.

인생은 한여름의 소나기같이
한바탕 쏟아졌다 어느새 지나가는 비와 같은 것,
소나기를 흠뻑 맞으며 "어쩌면 좋지? 큰일났네." 말하고
조금쯤 시간이 지나고 나면 다시 갠 하늘을 보며
맑게 웃어보는 나의 인생길이여
슬프지 않은데도 내 가슴으로 고여오는 눈물은
당신을 향한 그리움 때문입니다.

나의 예수여!

받을수록 놀라운 당신의 크신 사랑이
영원토록 내 가슴에 남게 하소서.
나의 고단한 삶의 여정을 믿음으로
계속하여 당신을 만나기를 원하옵니다.

나의 예수여!
당신을 부를 때마다 내 가슴은 감동으로
벅차오름을 깨닫습니다.
책망과 훈계와 충고의 말을 가슴에 새겨듣고
즐겨 청할 수 있는 성숙한 지혜를 깨닫게 하소서.
꿀처럼 다디달지만 유혹이 넘치는
칭찬과 찬미의 말을 두려워하고
씀바귀처럼 씁쓸하지만 약이 되는
충고와 비난의 말은 잘 들을 수 있게 하소서.

나의 예수여!
조금쯤 억울하게 느껴지는 말들이라도
변명하지 않고 받아들일 수 있는 너그러운 마음으로
부족한 나를 채워가게 하소서.
하늘길에 떠가는 한 조각 구름처럼
아무 매인 곳 없이 내가 당신을 만날 수 있도록
나를 밀어내는 가을바람이 있어
나는 홀로 가도 외롭지 않습니다.
나의 예수여!

2024. 11. 5.

하루에 살자

나에게 내일은 없다 생각하고
오늘이 마지막인 듯 하루 최선을 다해 살겠습니다.
젊은 시절 수없는 모래성을 쌓으며 원칙적인 삶보다는
어떤 방법으로든 빨리 성공하고픈 욕심에
비합리적인 파친코 사업으로 큰 부를 이루었지만
아무 기초도 없는 모래성은 무너지기 시작했습니다.
그리고 알코올 중독이라는 중병에 걸린 사람이 되었습니다.

많은 세월 부를 쌓고 살아오면서 방탕한 생활 속에
갈 길을 잃어버리고 어지러운 가시나무 사이에서 방황하며
술병을 잡고 지쳐 쓰러져 일어나지 못할 때
따스한 손길로 붙들어 일으켜 세워주신 분이 계시니
그분이 바로 가시 면류관을 쓰신 예수 그리스도셨습니다.

단주 모임이라는 언덕길을 오르다
몇 번을 미끄러져 넘어졌을 때,
낙심하여 포기하고 되는 대로 살다 죽자
삶을 포기하려 할 때,
예수님께서는 누구에게나 찾아오는 절망은
이겨낼 만한 것이라며 따뜻한 손을 내미시어
나를 A.A. 단주모임으로 인도하셨고
난 오랜 세월 한 잔의 술도, 한 모금의 담배도
목구멍으로 넘기지 않고 있습니다.

오직 오늘 하루만을 위해 최선을 다하며 착하게 살고 싶습니다.
허물어졌던 모래성 위에 기도를 바탕으로
서두르지 않고 벽돌 한 장 한 장을 쌓아 올리겠습니다.
지난날 많은 부를 쌓았을 때의 삶보다 조금은 부족하지만
지금의 삶이 평온함과 승리의 십자가 위에서
주님의 미소가 햇살 되어 머리 위에서 부서집니다.

그래서 이 아침 무릎을 꿇고 두 손 모아 기도드립니다.
오늘 하루도 내 뜻이 아닌 주님 뜻대로,
내 생명과 뜻과 의지를 주님께 맡기고
하잘것없는 나를 버리지 않으시는 주님께
두 손을 모으고 기도드립니다.

늦은 나이에 주님을 알고부터는 모든 것이 감사입니다.
하나님을 생각만 해도 감사, 못생긴 나를 보아도 감사,
내 생각 속의 모든 것이 감사의 고백입니다.
술에 쓰러져 넘어진 날도 감사,
넘어져 무릎이 깨진 실패의 날도 감사,
모든 것이 감사입니다.
그 아픈 고통을 통해서 하나님을 알았습니다.
무능한 나를 알고 예수님을 의지했습니다.
늙어가는 나는 힘이 없어도 내 영혼에는
출렁이는 감사의 물결이 넘치나이다.
오늘 하루도 주님을 사모하면서
욕심 없는 성실함으로 살겠습니다.

2024. 11. 5.

똑같은 마음으로

비가 오나 눈이 오나 바람이 부나
아무리 어려운 고난과 시련에 부딪혀도
늘 똑같은 마음으로 기도하게 하소서.
항상 욕심 없는 마음으로 작은 것에 만족하고
매일 똑같은 일을 하더라도
짜증 내거나 투정 부리지 않게 하소서.

무엇을 받으려는 마음보다
가진 것 모두를 줄 수 있게 하시고
그것을 빌미로 무엇을 받으려고 하는
마음이 일지 않게 하소서.

사시사철 변함없는 믿음으로 주님만 바라보게 하소서.
그리고 그 믿음 속에서 충실한 삶으로
주님의 합당한 종이 되게 하소서.
어떠한 물질의 거래에서 조금 손해를 보더라도
투기와 시기 없는 착한 눈물을 흘리게 하소서.

찬란히 타오르던 태양이 저만치서 석양으로 물들며
나도 노을이 되어 티끌 하나 남기지 않고
모두 비우고 흘러가겠습니다.

사랑의 주님!
당신은 빛이요, 나는 당신을 닮고픈 검은 그림자입니다.

사랑의 주님!
당신은 드넓은 대지요, 저는 당신 위에서
조금씩 자라나는 이름 모를 들꽃입니다.
사랑의 주님!
당신은 넓은 바다요, 저는 당신이 토해내는
파도의 흰 물거품입니다.

내 주인이신 주님께서 저를 사랑하시니
저는 검은 그림자도, 파도의 흰 물거품도,
이름 모를 들꽃도 아닙니다.
주님이 원하시면 저는 바닥에 납작 엎드려
더 낮아져야 합니다.
당신은 나의 모든 죄를 대신 짊어지신
하나님의 아들이요 저는 죄인입니다.

2024. 11. 16.

나의 길(my way)

나의 육신도 이젠 쇠퇴해져서
젊은 시절엔 몸이 나를 데리고 다녔는데
요즘은 내가 몸을 끌고 다녀야 한다.

100km 정도의 춘천 라이딩을 어렵지 않게 했는데
이제는 조그만 오르막길도 엉덩이를 좌우로 흔들며
기진맥진 하루종일 달려야 한다.
내 몸 하나도 버거우니
예전의 몸이 아니라는 것을 실감한다.

강가에 우뚝 서 있는 은행나무 같은 삶을 살고 싶다.
봄에는 싱싱한 잎을 틔우고
여름에는 무성한 잎으로 자기 몸을 감추며
그리고 가을이 오면 노란 황금빛 되어
마침내 잎사귀를 모두 떨구고 나면
보라, 힘 있는 줄기와 가지로 나목이 되어
저 발가벗은 당당한 힘을……

나두 다시 회춘하여 검은 머리가 나고
춘천 라이딩을, 깔딱고개를 단숨에 오를 수 있을까?

세월의 흐름을 거스르지 마라.
바람이 분다.
수많은 잎은 제각기 몸을 흔들며 하루를 가누고

빈 들판에 슬픔 하나,
들판에 고독 하나,
들판에 고통 하나도
다른 곳에서 바람에 쏠리면 나를 헤집고 들어온다.

빈 들판 한복판에 서서
시들어가는 나의 영혼을 깨우치는 그것,
나는 항상 흔들리고 있음을……

세월의 고통이 너를 연마하여 보석이 되게 하리라.
그 누구도 돌아보지 않는 길
구름과 바람의 길이 나의 길이다.

2024. 11. 18.

이렇게 살게 하소서

언제나 어떤 고난과 시련에 부딪혀도
늘 한결같은 마음으로 겸손하게 살게 하소서.

항상 욕심 없는 마음으로 재물을 탐하려 하지 않고
받으려는 마음보다 내가 가진 것 모두를 줄 수 있게 하시며
그것을 빌미로 하여 어떠한 것도 요구하지 않게 하소서.
당신 옆모습만 보더라도 그것으로 만족하며
돌아봐 주지 않는다고 화내거나 투정 부리지 않게 하소서.
항상 변함없는 믿음으로 충실한 삶 살아가게 하소서.

그냥 흐르는 시간 앞에 서겠습니다.
무엇을 잡으려 허둥대지 않고,
한때 너무도 행복했던 시간도, 너무나 힘들었던 시간도
모두 흘려 보내겠습니다.
찬란히 타오르던 태양이 저만치서 석양으로 물들면
나도 그냥 흐르겠습니다.
티끌 하나 묻히지 않고 티끌 하나 남기지 않고
그냥 흘러가겠습니다.

이 세상에서 어느 누가 이처럼 절 사랑하셨나이까?
그 무엇이 이처럼 절 위로하셨나이까?
어느 누가 이처럼 절 아껴 주셨습니까?
그 누구도 저를 이렇게 평온하게 위로해 주지 못했습니다.

하늘 높은 곳에서 두루 살피시는 주님,
땅끝에 매달린 저를 보셨고 저의 중심을 아셨으니
제 기도를 받으옵소서.
존귀하신 주님이시여,
나를 잘 아시는 하나님이시여,
내 애통함을 들으소서.
내 눈물이 헛되지 않게 하소서.

2024. 12. 5.

겨울 일기

쓸쓸해도 자유로운 고요한 웃음으로 마음속에 있던 감정을
모임 속에 다 버리고 빈손으로 집으로 돌아온다.
같이 모임을 한 멤버들에게 살뜰한 정 나누어주고
따뜻한 내 마음이 식기도 전에 아쉬운 이별을 해야 한다.

만남보다 빨리 오는 이별 앞에 삶은 때로 눈물겨워도 이렇게
글을 쓸 수 있는 시간이 있고 작은 공간이 있음에 감사한다.
애틋하게 물드는 내 가슴을 흠뻑 적시는 아련한 나의 빈 집

한 번씩 욕심을 버리고 미움도 버리고 노여움을 버릴 때마다
나는 또 글을 쓰며 다시 태어난다.
겨울에 피어나는 눈꽃처럼 시로 물든 소박한 내 마음이여!

작은 실바람에 몇 개 안 남은 나목에서 낙엽이 떨어진다.
내 곁에 아무도 없어도 책상 위에는 늘 메모지가 놓여 있고
많은 시집이 즐비하여 그것만으로도 흡족하게 미소 짓는다.
언제든지 시를 쓸 수 있기 때문이다.

내가 그대를 사랑하는 동안 붉게 물들었던 아픔들이
소리 없이 무너져 내려 가물거리며 반짝이는 겨울 별들이
애처로움에 아련한 그리움으로 눈에 밟히는
이 밤이 다 가기 전에 이제 그만 죽어야겠다.

2024. 12. 7.

을사년 기도

일상에서 모든 일을 내려놓고 떳떳한 백수가 되었습니다.
결코 내 인생을 팽개침이 아니라
다 비워놓고 텅 빈 마음으로 살고자 하오니
하나님! 너그럽게 용서하소서.

애타 하는 물질의 욕심도 모두 내려놓고
지금 이 모습 그대로 주님이 주시는 대로 살겠습니다.

삶의 무게에 허덕여도 제 몫의 십자가는 책임져야 하는 것,
믿음 하나로 주님께 가오니
주여! 함께 하여 주시옵소서.

감사, 겸손, 사랑으로 살라던 주님의 가르침으로
여태껏 삶을 밝혀 주셨듯이 노년의 삶도 빛과 소금이 되어
나 같은 죄인을 구원할 수 있는 삶을 살고자 하오니
하나님! 저에게 지혜를 주시옵소서.

'행함이 없는 믿음은 죽은 믿음이다.'
말보다는 실천의 소중함을 깨우쳐 주시고
외모의 변화보다는 내면의 성장을 간직하라신
주님의 말씀 이제야 그 뜻을 가슴에 새깁니다.
늘 내 곁에서 내 손을 잡아주소서.

너무 가난하지도 않고 과하게 부하지도 않습니다.

일용할 양식이 있고 거처할 집도 있습니다.
잘사는 사람들과 비교하며 의식할 필요가 없는
나만의 장막에서 활개를 펴고 누워 봅니다.

내가 사는 방법은 요행을 바라지 않는 것입니다.
기적 같은 일이 일어나길 바라는 것이 아니라
지금의 삶이 기적인 것처럼 감사하고,
알코올 중독자였던 나를 한 모금의 술도
목구멍으로 넘기지 않게 살려주신 것은
하나님께서 보여준 기적입니다.
그냥 숨만 쉬는 것만도 기적입니다.
그냥 걷기만 해도 기적입니다.
오늘 하루 살아 있음이 기적입니다.

나는 기도하지 않을 수가 없습니다.
나는 감사하지 않을 수가 없습니다.
내 주여!!!
내 기도를 받으시고
내 영혼을 받으옵소서.

예수님의 이름으로 기도드렸사옵니다.
할렐루야 아멘!

2025. 1. 3.

고백

아침에 뜨는 태양은 찬란하지만
황혼에 지는 태양은 잔잔히 아름답습니다.

해는 떴던 곳으로 돌아가고,
바람도 불어온 곳으로 돌아가고,
나는 늙어가면서 조금씩 철들어 갑니다.
참으로 긴 여정의 길을 걸어왔습니다.

이제는 남은 삶을 위해 진솔히 생각해 보겠습니다.
차분히 돌아보며 조용히 뉘우치겠습니다.
수없이 거듭하여 과거의 나를 보며 힘들어했습니다.
하지만 모든 시간을 잃어버린 것만은 아닙니다.

절망과 고통 속에서 내 인생에 빛이 되시는
하나님께서 내 손을 잡아주셨습니다.
이제 깊은 호흡으로 주님의 뜻대로 살겠습니다.

노년이 된 지금은 욕망을 다스리는 일보다
나를 깨우치는 것이 힘듦을 알았습니다.
가난을 견디는 것보다 화를 다스리는 것이 힘든 것을
이제야 깨달았습니다.
내일의 희망보다는 가난하지만 겸손하고
착한 마음으로 사려 깊게 살겠습니다.

지난 토요일 딸아이와 식사를 하면서 내가 부탁했던
사후 시신 기증을 승낙해달라고 한참을 달랬습니다.
딸아이가 울먹이는 목소리로, 아빠 뜻이 정 그러하면
그렇게 하라고 허락하여 맛있는 식사를 하고 헤어졌는데
돌아오는 길이 왠지 착한 일을 한 것 같아
수줍기도 하고 기분이 좋았습니다.
살아생전에 잘해야 하는데 미련한 나는
죽을 때가 되어서야 청개구리처럼 철이 드는가 봅니다.

오랜 세월 술로 몸을 망가뜨렸지만
술잔을 놓은 지도 오래됐고 열심히 라이딩, 등산, 운동도 하고
담배도 안 피운 지 오래되어서 지금의 내 육신은 건강합니다.
내 몸속 장기로 몇 분의 아프신 이들에게
희망의 빛이 되기를 기도해 봅니다.

금빛 번쩍이는 욕망의 비늘을 털어내고
회개의 눈물로 뿌리내려서 세상의 모든 이들과 타협하고
깨끗한 동심의 소년으로 살다 죽고 싶습니다.
세상의 모든 죄를 사하여 주신
나의 하나님!
나의 예수여!

2025. 1. 6.

반성의 기도

사랑의 주님,
많은 세월을 살아오면서 주님에게 해달라고만 조르며
눈물까지 흘리면서 기도했습니다.
지키지도 못할 기도를 통성기도로 울부짖으며
수없이 하고서도 지금까지도 번복된 기도를 합니다.

새로운 마음으로 다시 한번 기도드리오니
사랑하는 가운데 감사의 기쁨을 맛보는 기도를 하게 하소서.
내 것을 달라고 하지 말고 있는 것을 나누어줄 수 있는
정성을 다한 선행, 아낌없이 나 자신을 헌신한 봉사가
보답도 받지 못하고 비난과 오해의 소지가 되더라도
이를 혼연히 받아들일 줄 알게 하시며
남에게 잊혀지는 쓸쓸함을 통해 나 자신에게 눈을 뜨게 하는
겸허한 기쁨을 맛들이게 하소서.

사랑의 주님,
제 삶의 자리에서 누구도 대신 울어줄 수 없는 슬픔과
혼자서만 감당해야 할 몫의 아픔들을
원망보다는 유순한 마음으로 받아들이며
저 깊은 고독을 즐길 수 있게 하소서.
이것저것 불평불만을 말하기 전에 고마운 것부터
헤아려보고 감사하는 마음을 챙기게 하소서.

사랑의 주님,

새해에는 우리 모두를 겸손의 길로 인도하여 주시옵소서.
지치고 고달픈 삶의 여정 속에서도
주님이 계시기에 절망하지 않습니다.
주님께서 제 곁에 계셨기에 아직도 넘어지지 않고
주님 가신 그 길을 따라가려 합니다.
죄 없이 맑은 눈빛으로 세상과 사물을 바라보는 어린아이처럼
순백한 마음으로 하늘을 보며 새로이 깨우치는
을사년 새해를 맞이하게 하소서.
깊디깊은 내 심장의 고동 소리가
줄기차게 끌어올리는 신뢰와 사랑이
주님께 드리는 제 기도의 시작이요 완성입니다.

사랑의 주님,
이 죄인이 이렇게 또다시 무릎 꿇고 반성의 기도를 드리오니
속는 셈 치고 다시 한번 받아 주시옵소서.

을사년 1. 9.

새해의 소망

긴 삶의 여정에서 때론 슬프고 아프고 원치 않는
일들이 생기면 조금은 불안하고 두려울 때가 있습니다.
을사년 한해에는 좋은 생각만 하고 좋은 이야기만 하며
좋은 일만 가득하시라고 그대들에게 정중한 인사를 드립니다.

밝아 오는 새해에는 더 많이 웃고
같은 하늘 아래 사는 기쁨을 노래하며
더 많이 착해졌으면 좋겠습니다.
푸른 풀밭 위에 하얀 양들처럼 선하고 온유한 눈빛으로
나보다 못한 이들을 돕고 이해하며
또 용서하고 사랑했으면 좋겠습니다.

지나간 날들의 아팠던 기억들을 모두 지워버리고
흐르는 시간 앞에 서겠습니다.
한때 너무나 행복했던 시간도, 또 너무 힘들었던 시간도
모두 흘려 버리겠습니다.

땅을 보며 사색의 깊이를 배우고
하늘을 보며 자유의 평화로움을 배우는 사람이 되겠습니다.
혹여 그대가 내게 잘못을 했다 하더라도 원망하기보다는
위로의 기도를 해주는 등대지기 같은 사람이 되겠습니다.

세월은 부지런히 앞으로 가는데
나는 게으르게 뒤처지는 어리석음을 또다시 후회하며

새해부터는 평범한 삶에서 가슴에서 우러나오는 감사와
아름답고 풍요로운 삶에 대한 희망의 날들을 약속하며
새해를 맞이합니다.

감사는 나를 살리는 힘
감사를 많이 할수록 행복도 함께 온다는 것을 잊지 않겠습니다.
말보다는 조용한 실천으로 먼저 깨어 있는 사람이 되겠습니다.
진정으로 당신을 사랑하면 내 삶은 빛이 되고
희망이 되는 것을 나날이 새롭게 배웁니다.

배움이 짧아 지식이 부족해도 지혜는 생기고
삶에 원동력이 된다는 것을 체험으로 알아차립니다.
노여움을 오래 품지 않는 너그러움과
용서에 인색하지 않는 겸손과
감사의 인사를 미루지 않는 슬기를 청하며 다짐하는
새해 아침, 을사년 나의 첫 마음 또한 촛불만큼 뜨겁습니다.

내가 다른 사람을 용서할 때는 온유한 마음을 주시고
내가 다른 사람들에게 용서를 받을 때는
겸손한 마음을 지니게 해주십시오.
그리하면 나의 삶은 평범하지만 진주처럼 영롱한
한 편의 시가 될 것입니다.
올 한 해에도 조금씩 사랑을 키우며
기도 속에서 하나 된 눈물로 세상의 죄와 고통을
정화시킬 수 있도록 은총을 베풀어 주십시오.
나의 예수님!

2025. 1. 30.

추운 새벽기도

타인의 결점을 보기 전에 나 자신의 잘못부터 살펴보고,
이것저것 불평하기 전에 감사한 일부터 헤아려보고,
사랑을 논하기 전에 내가 먼저 사랑하는 사람이 되도록
새롭게 태어나서 회개의 기도를 올립니다.

새벽이 밝아 올수록 빛을 그리워하는 마음이 간절하듯이
나의 인생은 어둠 속에서 빛이신 예수님을 그리워했습니다.

서로를 헐뜯으며 불의와 폭력, 분열이 난무하는 세상의 어둠
이제는 예수님이 오셔서 평화를 주십시오.
어디로 가야 할지 모르는 우리에게 길이 되어 주시고
무엇을 선택해야 할지 모르는 정치권의 복잡한 현실을
진리의 말씀으로 깨우치게 하옵소서.

의혹과 불안에 떠는 우리에게 평화가 되어 주십시오.
사랑이 무너져 내려 신음하는 세상과
자신을 아낌없이 내어놓지 못하는 우리 모두의 마음에서
하나님의 음성을 듣게 하옵소서.

하나님의 음성을 듣고 다시 한번 세상은 아름다워지고
당신이 오심으로 대한민국은 다시 희망의 나라로
거듭나게 하옵소서.
우리 모두 당신을 가슴에 묻고 당신처럼 단순하고
정직하게 겸손할 수 있는 용기를 주십시오.

비록 허물투성이의 삶일지라도 당신의 빛을 따르면
희망의 길이 열리오니 오직 당신만 따르게 하소서.
오로지 자기 생각이 옳다는 어두운 욕망, 불신의 욕망을
내려놓고 당신의 빛 안에서 새로운 삶을
다시 시작하게 해주십시오.

당신의 크신 사랑 앞에 드릴 말씀이 없어지는
새벽기도 속에서 당신의 모습을 닮아갈 수 있음에
진정으로 감사하옵니다.
항상 받기만 하고 당신에게 드릴 것이 없는
우리들의 가난함을 용서하십시오.
살아 있는 동안 우리가 늘 같은 잘못을 되풀이해도
다시 한번 시작할 기회를 주시는 자비로우신 나의 하나님
꽁꽁 얼어버린 한 주가 시작되는 추운 새벽에
다시 한번 회개의 기도를 드리오니
나의 기도에 응답하여 주시옵소서.
나의 하나님!!!

       2025. 2. 10. 새벽예배 드리고

가치 있는 삶

눈이 내리는 새벽이다.
고통이 따르고 사연도 많아 누구에게도 주목받지 못하고
혼자라는 외로움과 쓸쓸했던 인생에서
조금씩 운동을 하면서 삶에 자신감도 생기고
가치관도 생기는 인생으로 살고 있다.

매사에 강한 추진력도 생기고
생기 넘치는 힘과 자신감, 역동감이 올라오며
매일 뜨거운 열정 속에서 살려고 노력한다.
인생을 살아가는 존재감이 살아나 매사가 즐겁고
작은 행복과 꿈과 희망을 노래하며
역동적인 감동으로 넘쳐난다.

항상 감사하는 마음이 많아지면
삶에 의욕은 넘쳐나고 마음이 평온해진다.
절망의 늪에서 어서 빨리 벗어나자.
컴컴한 밤이 지나가면 새벽이 밝아 오듯이
어두운 절망에서 벗어나 희망의 빛을 찾아서
눈 오는 이른 아침 희망의 옷으로 갈아입고
새벽예배를 드리고 왔다.

어둠 속에서 빛이 더 밝게 빛나듯이
좌절 속에서 찾아낸 희망은
더욱더 간절한 마음으로 내게 온다.

아직도 욕심을 버리지 못하는 날카로운 갈등이
내 가슴을 후벼파지만
감사하는 마음이 많아지면 삶에 의욕도 넘치고
마음이 넓어져서 행복해진다.

시간은 서성거리지 않고 기웃거리지도 않으며
머뭇거림도 없이 쏜살같이 흘러간다.
짜증 내는 삶보다는 이해하는 인생이 살기에 편하고,
화내는 삶보다는 용서하는 삶이 편안할 것이다.

이른 새벽 내 영혼을 깨워 주시고
하루의 첫 시간을 하나님 전으로 인도하여
더러워진 나를 하얀 눈으로 덮어주시는 하나님의 은혜에
감사드리며 믿음으로 나의 죄를 고백한다.
내가 가장 바라는 것은
하나님께서 내 가슴으로 오셔서 함께하며
동행하는 삶을 살고 싶다.

       2025. 2. 12. 눈 오는 이른 아침에

주님의 은혜로

인생을 살아오면서 내 생각의 틈에 죄가 파고들어
순결함이 더럽혀지고 죄의식으로 가득 찬 마음을
성령의 은혜로 씻어내고 싶다.

자기가 저질러 놓은 죄악을
잔뜩 쑤셔 넣었던 것을 후회하는 것이 아니라
어리석게 살아온 삶을 주님께 낱낱이 고하며
간절히 용서를 빌고 철저하게 회개하며 하루씩 살아간다.

주름진 세월 속에 이 핑계 저 핑계, 이 변명 저 변명으로
아직도 회개하지 못한 낡은 기억들이
가슴으로 파고들어 괴롭힐 때 통곡하기보다는
그동안 저질렀던 모든 죄를 낱낱이 고백한다.

고개 들어 하늘을 올려다보며
기도와 한탄으로 주님의 보혈로 용서를 받고 싶다.
하루의 삶 속 권태와 지루함을 못 견뎌 스스로 불평했던
소중한 생명과 삶의 시간을 허락해 주신 주님께
모든 걸 감사드린다.

자기 스스로 포기해 버리거나 도저히 씻어낼 수 없는
죄악을 버리고 씻김받고 새 사람으로 된다는 것은
아무도 할 수 없는 오직 예수 그리스도의 용서의 힘이다.

나의 목숨과 삶을 허락해 주신 주님께
감사의 기도를 드릴 수 있음이 기특하고 감사하여
어찌할 수 없는 감동으로 가슴이 벅차오른다.
사랑의 주님. 이 추한 마음을 새롭게 하셔서
더 더러워진 모양으로도 주님께 죽도록 회개하게 하소서.

내 기도하는 소리를 새롭게 하셔서
하얀 밤에 흘린 눈물로 주님의 은혜를 사모하게 하소서.

2025. 2. 25.

오늘은 주여!

지나온 나의 삶을 보았습니다.
지금의 가난한 삶이 나를 더욱더
겸손하게 만들어주었습니다.
나를 망치로 때려 산산조각 내버렸던
절망의 시간들이 도리어
일어서야 한다는 것을 일깨워 주었습니다.

배고픔은 살아야 할 이유를 알게 해주었고
검소한 가난은 나를 다시 태어나게 해주었습니다.
힘들고 어려웠던 시간들 때문에 떨어지는 눈물을
주먹으로 닦으며 남은 삶은 조금의 욕심도 없이
주님이 주시는 대로 살겠다고 맹세했습니다.

꿈도 대단하지도 않고 희망도 가난해야 합니다.
가난한 희망은 기도드리고 일어서는 자의 모습입니다.
기도는 착한 미래를 기대하는 마음에서
드리는 것이기 때문입니다.

내 삶을 지켜보고 환호하고 기뻐할 수 있는 순간들은
기도를 드리고 난 후에 평온함이 찾아올 때입니다.
내 삶 속에서 가난한 희망은 평온함을 만들어주었고
내일을 향해 묵묵히 걸어갈 힘을 주었습니다.

주님 십자가의 아픔도 사랑의 빛으로 주셨으니

그 빛 하나하나가 내 가슴으로 저며 옵니다.
오늘은 내 가난한 소망이나마
봇물처럼 쏟아져 나오는 뜨거운 마음에
기도를 드리고 싶습니다.

오늘은 주여!
기도의 다리를 놓아 주십시오.
주님을 만나고 싶습니다.
주님을 사모합니다.
사랑의 주님!

                    2025. 2. 26. 새벽예배를 드리고

용서와 회개

내가 누군가를 미워하다 용서해야겠다는 마음이 들 때가 있다.
용서했다고 생각했는데 내 마음은 용서 이전 상태로 돌아간다.
그런 마음이 들기 시작하면 또다시 고통스러워진다.
나쁜 감정이 내가 누구를 용서한다는 것이 얼마나 형식적이고
가식적인 것인지, 결국은 나만 또다시 힘들어질 뿐이다.

나는 이제 다 용서했다, 하면서도 결국은
용서하지 못하고 나머지 삶을 살다 죽는 것이다.
용서한다는 것은 상대방을 위하는 것이 아니라
나 자신을 위한 일이라는 것을 잘 알면서도
그리 쉽게 되지 않는 것이 용서하는 것이다.

참으로 공교롭게도 내가 싫어하고 미워하는 이들은 대부분
한때 가족처럼 가까웠거나 좋은 관계를 유지했던 이들이다.
내가 누구를 미워하고 원망할 때는
분명코 나를 먼저 봐야 한다.
나의 내면을 깊이 들여다보면서 나의 결점을 찾아야 한다.
이것이 용서의 함정이다.
인생을 살아가면서 가장 힘든 일이 남을 용서하는 일이다.

내가 힘들면 '용서는 신의 몫이다' 하며
신에게 맡겨 버리지만, 다음날 아침 일어나면
내가 언제 신에게 맡겼느냐는 듯
다시 내 몫으로 자리잡고 있어 더욱 슬프다.

내가 누구를 용서하지 못한다는 것은
내가 지나온 과거를 선택해서 오늘을 살기 때문이다.

그렇기에 끊임없이 용서하는 훈련을 해야 한다.
얼마 남지 않은 인생을 잘 마무리하기 위해서라도
용서하려고 노력해야 한다.
나를 각성하는 회개의 기도를 더 열심히 고백해야겠다.

2025. 3. 7.

삶은 끝날 때까지 끝난 것이 아니다

힘겹고 험난한 세상에서 앞이 안 보이는
절망과 고통을 이겨내며 굳건한 가슴으로
착하게 살다 보니 소소한 행복이 찾아온다.
모질고 거친 삶의 길을 살아오면서 비바람도 만나고
낭떠러지 끝에 서서 눈물의 기도로
절망과 고통을 이겨내면서
오직 하나님만 붙잡고 여기까지 왔다.

죽고 싶을 만큼 삶을 포기하고 싶을 때도 있었지만
수렁 같았던 고난의 시간을 견뎌내면서
마음을 굳건히 잡은 것은 모임 속에서 하나님을 만났고
내 마음은 더욱 담대해졌다.
오직 믿음 하나로 가난한 심령을
존귀하신 하나님께 내 삶을 맡기니
하루씩 내 뜻이 아닌 하나님 뜻대로 살아간다.

빈틈 가득한 지나온 삶에 아쉬움이 남지만
조금의 미련도 없다.
많은 세월이 흘러 백발이 되고
이마에 깊은 주름살이 파이며
대충 나이에 걸맞게 늙어간다.

마시다 죽을 것만 같았던 알코올에 무력했던 삶도
믿음과 단주 모임 속에서 하루씩 버티면서

한층 성숙해질 수 있었다.
나는 할 수 없었다. 다 하나님의 뜻이리라.
이 세상에 내 것이 어디 있고
영원한 것이 어디 있겠는가?
가난하고 힘든 삶일지라도 욕심내지 말고
오늘 하루의 삶에 늘 감사하면서
작은 것이라도 나누다 간다면
편안한 삶을 살다 떠나는 것이다.
상처 주고 빼앗은 것은 몇 곱절의 고통으로 돌아오고,
나누며 베푼 것은 축복과 은혜로 돌아온다.

지금 건강하다고 영원히 건강한 것이 아니고,
지금 병들고 아프다고 해서 곧 죽는 것도 아니며
우리는 다시 회복해서 건강해질 것이다.
아름답고 행복한 삶이 펼쳐질 것이다.

인생은 끝날 때까지 끝난 것이 아니다.

2025. 4. 2.

이렇게 살게 하소서

봄이 누운 산허리에 개나리로 피는 아침
나의 어둠은 당신의 빛으로 밝아지고
나의 목마름은 당신의 생수로 축여주며
나의 죽음은 당신의 은혜로 다시 부활함을 믿습니다.

내 하루의 작은 여정에서 내가 만나는
모든 이들의 말과 행동을 건성으로 듣거나
귀찮아하는 표정 몸짓으로 가로막는 일이 없게 하소서.

내 이기심의 포로가 되어
내가 듣고 싶은 말만 듣고
돌아서면 금방 잊어버리는
무례함에서 나를 건져 주소서.
내 도움을 필요로 하는 이들에게
못 들은 척 귀를 막아버리고
'나도 바쁘니까' '잘 몰랐으니까'
내 마음대로 핑계를 둘러대는
적당한 편리주의와 부정직한 내 합리화를
꾸짖어 주옵소서.

귀담아들으려고 노력하지도 않으면서
당신과 이웃과 세상에 대해 내 멋대로
의심하고 불평했음을 이 순간 깊이 뉘우칩니다.
하루하루 내 작은 삶의 여정 혹은

내 인생의 큰 여정에서 잘 듣고 잘 말하는
내가 되도록 벚꽃 피는 산언덕에서 기도드리오니
내 기도를 받아 주옵소서.

침묵과 고독 속에서 조용히 자신을 낮추고
숨길 줄 알게 하소서.
나는 두 귀를 가졌지만 형편없는 귀머거리임을 몰랐습니다.
다른 사람들의 말을 제대로 듣지도 않고
내 말만 많이 했음을 용서하여 주옵소서.

오늘도 살뜰히 나를 보살펴 주시는 주님
결점투성이의 나를 보고 절망하기 전에
다시 한번 주님의 사랑을 기억하게 하시고
당신의 믿음으로 귀를 열고 눈을 뜨게 하소서.
겸손함으로 보고 들어서 지혜를 깨우치는
주님의 종이 되게 하소서.

2025. 4. 4.

사순절의 기도

사랑의 주님!
당신께 받은 사랑을 온전한 믿음으로 돌려드리지 못한
어리석음조차 사랑으로 덮어 주신 주님 전에서
참회의 눈물로 무릎 꿇고 회개의 기도를 드리오니
내 기도를 받아 주소서.

여전히 믿음이 부족하여 힘들고 다급할 때만 주님을 찾고
불평불만으로 다른 사람들을 내 잣대로 판단하고 미워했나이다.
입으로만 주님을 부르짖으며 말로만 앞세우는 이상론자였고
겉과 속이 다른 위선자였음을 용서하여 주시옵소서, 주님!

'송구스럽습니다'라는 내 고백도
다 낡아 떨어진 운동화 뒤축처럼 닳고 닳아서
자꾸 되풀이할 염치도 없지만
이 기도 외에는 주님 전에 다가설 수 없음을 고백하오니
크신 사랑으로 다시 한번 용서하여 주시옵소서, 주님!

새순이 돋아나는 봄의 언덕에서 주님께 드리는
내 기도가 또다시 부끄러운 죄의 고백임을
슬퍼하지 않게 하소서, 주님!

주님께서는 옷을 찢지 말고 마음을 찢으라 하셨나이다.
이 사십일 사순절만이라도 내 속의 나를 깊이 성찰하며
죽는 날까지 깨어 사는 주님의 종이 되게 하소서, 주님!

허영에 들뜬 저의 마음일랑 모조리 끄집어내 없애주시고
아무리 걸어도 지치지 않고, 아무리 뛰어도 피곤치 않는
힘을 주시옵소서, 주님!

한 번도 진정한 기도를 드리지 못한 것 같은
절망적인 느낌 속에서도 기도를 포기하지 않을 수 있는
믿음과 인내를 주시옵소서, 주님!

내 믿음 안에 살아계신 주님께서
저와 함께 기도해 주시리라 믿사옵니다.

사랑 많으신 주님!
제가 자전거를 탈 때나 먼 길을 떠날 때도
항상 주님께서 함께 해주실 것을 믿습니다, 주님!
매일의 삶 속에서 오직 주님과 하나 되는
회개하는 사순절이 되게 하소서, 주님!

2025. 4. 5.

그날을 기다리며

수줍은 듯 고개 내미는 봄날의 새싹들처럼
내 라이딩은 강화도를 시작으로 서해 바닷가를 끼고
목포를 거쳐 제주도 일주를 할 것이다.

갯내음이 물씬 코끝에 와 닿고
파도 소리가 음률 맞추며
갈매기들이 넘실넘실 춤추고
소박한 섬들이 오순도순 정겹게 이야기 나누는 곳
수평선을 바라보면 가슴이 탁 트이고,
한가로이 오가는 배 사이로
상큼한 바닷바람이 얼굴을 스치는 곳
심장 깊숙이 다디단 바다를 들이마시는
그곳으로 떠나고 싶다.

파도가 갯바위에 부딪힐 때마다
더 힘차게 페달을 밟으며 달려가고픈
열정이 불타오르는 가슴을 진정시킨다.
내 삶의 여정은 언제나 떠나면서 돌아오고
또다시 떠나갈 준비를 한다.

그리움으로 펼쳐진 길, 이 길은 내 마지막 숨을
몰아쉴 그날까지 내가 떠나야 할 길이다.
삶을 살아오면서 가장 행복하고
늘 달리고 싶은 라이딩 욕망,

내 가슴에 새겨진 아픈 흔적들을
지울 수 있는 바닷가 라이딩
그 바닷가로 빨리 가고 싶다.

인생의 길목에서 외로움이 몰려오고 마음에 상처가 생길 때
탁 트인 바다를 향해 힘차게 페달을 밟으며
갈매기와 벗 삼아 인생을 얘기하고 모든 시름을 묻어 버린다.
이차피 인생이란 철썩이는 파도처럼 잔잔한 것은 아니다.

내 가슴을 설레게 하는 서해안 일주 라이딩 여행
그 바닷가로 빨리 떠나고 싶다.

이 세상에서 내가 제일 좋아하는 라이딩
너는 나의 삶에서 유일한 친구이자 동반자
네가 있어서 나는 건강하고 행복하다.

2025. 4. 10.

시화호의 새벽

삶이 답답하고 지루해질 무렵
우물거리며 어떤 변명이나 핑계를 대고
서해안 라이딩을 시작했다.
강화도 라이딩을 하고 늦은 저녁
시화호로 넘어와 새벽을 깨운다.

평생을 살아오면서 부서지고 깨어진 희망을
더 견고히 세우려고 서해안 라이딩을 시작했다.
상처 난 마음을 겸손하고 부드럽게 널브러진 갯벌에
묻어 버리고 난 달릴 것이다.

살다 보면 인생살이가 고통도 되고 눈물이 되기도 하지만
그 아픔들이 쌓이면 라이딩 여행을 떠나면 된다.
열심히 페달을 밟으며 서해 바다 갯벌 길을 달리면
어느새 입가에는 웃음이 돌고 기쁨이 넘쳐 행복이 찾아온다.

그대들이 이 참맛을 알 수 있을까?
이런 고독의 맛과 멋에 늘 자족하는 마음으로
내 인생을 정리하며 살아가고픈 마음이다.
나의 조그만 기쁨이 그대들에게도 기쁨이 될 수 있고
나의 쾌감이 그대들의 마음에 전해질 수만 있다면
내 인생의 찐한 맛을 낼 수 있을 것이다.

흰머리는 늘어나고 주름이 파이고 나이를 먹어 가면서

삶에 지치고 멀미가 날 때면
혼자 여행을 떠나 보라.
이 아찔하게 훌쩍 떠나는 여행의 고갯짓 속에는
떠돌이 삶이 연속이다.
주름이 얽힌 복잡한 사연들이 안타까워 몸부림치면서
가쁜 숨 몰아쉬며 무작정 달리고 또 달린다.

태안 앞바다, 군산 앞바다, 목포항
그리고 배 타고 제주도 일주까지 고른 숨 몰아쉬며
난 희망을 안고 서해 바다를 몽땅 먹어 치울 것이다.

        2025. 4. 17. 새벽 시화호에서

4월의 라이딩 여행

깊은 동굴 속에 엎디어 있던 내 무의식의 기도가
해와 바람에 씻겨 얼굴을 내미는 4월

온 산천에 진달래꽃 만발하니 가슴이 벅차올라
떠나지 않고서는 배길 수가 없어서
설레는 가슴을 안고 바다로 달려왔다.

강화도를 출발하여 변산반도 방조제 라이딩
강진 해안도로를 일주하고
완도 명사십리 해수욕장까지 달려왔다.

밀물처럼 몰려드는 사람들과
썰물처럼 떠나가는 사람들 사이에
해변은 언제나 만남이 되고 이별이 되어 왔다.
똑같은 해변가에서 누구는 감격하고
누구는 슬퍼하고 누구는 떠나는가?

감격처럼 내게로 다가와서는 절망으로 부서지는 파도
누구도 나를 오라는 사람은 없어도
바다는 항상 거기에 있고
잔잔한 파도는 하얀 포말을 일으키며 달려온다.

너무도 짧은 인생 오래오래 기억에 남도록
남은 힘 다해 힘차게 달려보자.

절망감이 뒤섞인 눈으로 주위를 살펴보면서
어물쩍거리며 시간을 낭비할 필요는 없다.
내일은 제주도로 들어가는 날
멋진 제주 앞바다 라이딩이 될 것이다.

세월은 누구에게나 시간을 허락해 주는 것
흘러가도 떠나가도 나의 본래 모습으로
돌아가고 싶다.

2025. 4. 21.

제주도 라이딩

에메랄드빛 제주 앞바다
아름다움으로 극치를 이룬다.
하늘과 바다가 맞닿은 수평선을 바라보며
콧노래를 부르고 당차게 페달을 밟는다.

오래전 여러 번 왔던 제주도인데
흘러간 세월 탓인지 기억이 듬성듬성 아른거린다.
내 기억에 오랫동안 남을 수 있는 것은 아주 평범한 것들이다.
화려하지 않으면서 잘 드러나지도 않고
오로지 혼자서 고독과 벗 삼으며 잘난 척 뽐내지 않고
묵묵히 달리기만 하면 된다.

세월에 때 묻지 않고 평범하게 자연과 벗하며
억척스럽게 살아남는 잡초 같은 내 인생
세월이 흘러가며 할퀴어놓은 주름진 늙은 모습이
더 처량해지기 전에 불타오르는 열정으로 라이딩하며
힘 있는 그날까지 달릴 것이다.

알고 보면 우리 모두는 떠나가야 할
외로운 사람, 쓸쓸한 사람들이다.
요란 복잡한 세상에서 아무 의미 없이 흘러가는 세월 속에
홀로 있는 삶이 싫어서 나는 항상 떠나면서 산다.

내 마음에 심지 굳게 심어놓고

대충대충 뜨뜻미지근하게 살지 말고 화끈하게 달려보자.
외로움이 덕지덕지 붙어 있는데 털어낼 수가 없어서
강화도에서 제주도 바다까지 달려왔다.

슬픔도 기쁨도 없이 만날 맨송맨송하게 사는 것이
무슨 재미가 있겠는가?
잡을 것도 없고 잡을 수도 없는 삶이지만
시는 동안만이라도 건강하게 살맛 나게 살아보자.

2025. 4. 23.

늘 바다가 그리웠습니다

하얀 포말을 일으키며 달려오는
푸른 바다가 늘 그리웠습니다.
매일이 똑같이 고정되어 있는 듯한 삶이 힘겨워
쉼 없이 밀려오는 파도를 한없이 보고 싶었습니다.

집 나선 지 11일째 되는 아침
강화도를 출발해서 평택항, 시화호, 변산반도,
강진 해안도로를 라이딩하며 완도항에서
제주행 페리호에 육신을 맡겨놓고
에메랄드빛 제주 앞바다를 달리고 있습니다.

바다를 바라보며 내 가슴을 후려칠 듯
휘몰아치는 파도에 인정사정없이 닫혀 버린
답답했던 내 마음이 활짝 열린 것만 같습니다.
저 수평선 너머에 꿈인 듯 그리움인 듯
내가 바라던 것들이 솟아오를 것만 같아서
늘 바다가 그리웠습니다.

내가 페달을 밟고 달리는 것은 한없이 몰려오는
외로움으로부터 도망치기 위함입니다.
그곳이 바로 끝없이 펼쳐진 바다입니다.
고독을 깊이 끌어안고 있으면
내 마음 갈피갈피 사이로 그리움이 몰려오는 것은
아직도 남아 있는 외로움 때문일 겁니다.

어쩌면 생을 마감하는 그날까지
그리움을 끌어안고 살아야 할 것 같습니다.
생각해 보니 눈물 나도록 행복하게 살아도
그리 길지 않은 삶인데
고독과 함께 벗하며 산다고 생각하니
왠지 슬퍼지기도 합니다.

견딜 수 없이 밀려오는 그리움을 어찌할 수가 없어서
원 없이 바닷가를 달리고 싶어
서귀포 앞바다를 달리고 있습니다.
좋은 아침입니다.

2025. 4. 26.

서귀포 앞바다의 기도

사랑의 주님
저는 지금 서귀포 앞바다 화물차 안에서
주일을 성수하지 못함을 회개하며
참회의 기도로 용서를 구합니다.

라이딩 여행을 떠나온 지 12일째 되는 오늘,
비록 차 안에서 드리는 기도지만 정중하게 무릎 꿇고
이렇게 기도드리오니 저의 기도를 받아 주시옵소서.

제 삶의 자리에서 누구도 대신 울어줄 수 없는 슬픔과
혼자서만 감당해야 할 몫의 아픔들을
원망보다는 유순한 마음으로 받아들이며
내 마음속 깊이 고독할 줄 알게 해주시옵소서.
저 높은 곳에 주님 계시기에 고독과 외로움 또한
저를 성장시키는 높은 산이 됩니다.

주님이 아니 계시다고 모른 체하기에는
너무도 가까운 곳에서 저를 깨우시는 주님,
아직도 기도를 모른 채 기도하고 있는 저를 내치지 않고
넓은 마음으로 기다려 주시는 주님,
이제 모든 말은 접어두고 오직 주님의 이름만을
끊임없이 부르겠습니다.
주일을 성수하지 못하는 저를 용서하여 주시옵소서.

모든 만물 위에 주님을 섬긴다고 하면서도
자주 딴 곳에 가서 헤매는 제 마음을
주일날 예배조차 올리지 못하고
자유로운 영혼이 되기를 원하면서도
항상 다 비우지 못하고 조금씩 남겨두는
욕심을 용서하여 주시옵소서.

언제나 감사히는 마음으로 주일의 문을 열겠습니다.
여행이 끝나는 그날까지
주님 사랑의 손으로 잡아 주시옵소서.

살아계신 예수님의 이름으로 기도드렸사옵니다, 아멘!

2025. 4. 27. 새벽에

쇠소깍 앞바다

세월은 말없이 흘러가고 나이가 들어가면서
삶에 회의를 느끼고 내 선택의 폭은 좁아진다.

얽히고설키며 살아온 날들이 이마에 깊은 주름살을 만들고
하고 싶은 말도 목에 걸려 하지 못한다.
이 세상에 무엇 하나 내 것이 있을까?
떠날 때는 빈손인데 갈퀴로 긁어모은들 무엇 할까?
어차피 그대와 나는 빈손인데 악착같이 벌어서
재물을 얻은들 빈손으로 갈 뿐이다.

외롭고 쓸쓸할 때면 어디론가 훌쩍 떠나
평온한 마음으로 바다만 바라볼 수 있다면
그 무엇이 부럽겠는가?
아름다운 제주도 앞바다에 흠뻑 빠져들어
턱을 괴고 물멍을 때리며
저 평온한 바다를 내 가슴에 넣을 수 있으니
이보다 더 무엇이 좋겠는가?

나이가 들면 든 대로
지금 이 순간도 열정의 페달을 밟으며
청년처럼 뜨거운 감정으로
저 바다를 가르며 달려가 보자.

서귀포 앞바다 쇠소깍 해변

주일인데도 몇몇 여인들만 데이트를 즐기고
잔잔한 파도는 평화롭기만 하다.
나는 일상에서 튕겨 나와 떠돌면서
숨겨진 상처를 씻으려고 반항하다 덜미를 잡히고
산통 깨져 몸살을 앓고 녹초가 되어도
아픈 가슴을 씻고 싶었다.

산다는 것이 진저리 치도록 쑥대밭이 되어
가슴 저린 외로움 속에 애타는 마음으로
쓸쓸하게 혼자서 떠돈다.
세월은 흘러가는 줄 알았더니
모든 것은 언제나 제자리에 남아 있고
나 혼자 영락없이 떠도는 것이다.

2025. 4. 27.

라이딩 여행을 다녀와서

사랑의 주님, 당신의 보살핌으로
긴 라이딩 여행을 무사히 잘 다녀왔습니다.

한시도 주님을 잊지 않고
초록의 산과 바다를 신나게 달리면서도
주님을 외치면서 모든 일정을 잘 마무리했습니다.

어떠한 말로도 그릴 수 없는
내 영혼의 가슴으로 손 내밀고 계시는
주님의 사랑 안에서 우리 모두는
당신 계신 곳으로 가야 할 철새입니다.

산은 산대로 바다는 바다대로
초록의 서정시를 쓰는 5월
하늘이 잘 보이는 숲으로 가서
주님의 이름을 외치게 하소서.

마음속에 접어둔 기도가
한 송이 장미처럼 피어나는 5월
호수에 담긴 달처럼 고요히 앉아
주님을 불신했던 지난날들을 깊이 뉘우치게 하소서.

단비가 내린 후 구김살 없는 햇빛이
아낌없이 축복을 쏟아내는 5월의 아침

우리가 서로를 사랑하는 공간은 그곳이 곧 교회이며
내 삶을 깨우쳐 나가는 곳임을 기억하게 하소서.

어느 날 내가 흰 깃을 치며
산으로 들로 강으로 바다로 라이딩하며
주님의 만물의 세계로 흠뻑 빠져들고 왔습니다.
이제부터 또다시 주님만을 경배하며
내 인생의 부끄러운 길을 빛으로 사랑으로 씻어주신
주님을 믿으면서 이제는 결코
주님의 사랑의 손을 놓지 않겠습니다.

사랑의 주님
내 마음을 정결케 만드시고 내 안에 굳은 믿음으로
주님께 드리는 내 기도를 받아 주시옵소서.

예수님의 이름으로 기도드렸사옵니다, 아멘.

2025. 5. 2.

라이딩 여행 일기

서해안 갯벌 길을 힘차게 페달을 밟고 달리는 동안
깊은 사랑에 빠진 듯 심장이 뜨겁게 박동했다.
여행 끝에는 충만한 기쁨과 행복 가득한 보람,
한편으론 애잔한 아쉬움이 남는다.
여행할 수 있는 건강과 시간적 여유,
어떤 두려움도 없이 떠날 수 있었던 냉철한 결단력,
모든 것이 감사하고 고맙다.

종아리 근육이 찢어지도록 어디든지
마구 쏘다니고 싶었던 라이딩 여행
오래 한 것 같은데 아쉽기만 했던 여행을 마치고
일상으로 돌아왔다.
늘 다시 오고 싶고 또 떠나고 싶은 것이 여행이다.
갈까 말까 망설이지 말고 무작정 떠나면
결코 후회하지 않으리라.

15박16일의 라이딩 여행을 잘 다녀왔는데
또다시 다음 여행을 생각한다.
깊은 병은 독하게 들어도 좋을
건강하고 아름다운 중독이다.
끝없이 떠나보내고 수없이 찾아오는 길을 찾아서
지치고 외로운 마음을 털어내기 위해 낯선 곳으로
멀리 떠나는 여행은 설렘과 기대감으로 가득 차 있다.

빛과 어둠이 공존하는 삶의 갈림길에서
늘 서성거리다 짓누르는 피로감을 걷어내고 싶다.
무엇인가를 갈망하며 살아가기에
만족함보다는 허전함이 남아
텅 빈 마음 한구석을 채우고 싶어
여행을 떠나는 것이다.

발길 닿는 곳마다 아름다운 광경에 매료되었던
이번 라이딩 여행은 새로운 원동력을 채워주었다.
외롭고 쓸쓸한 마음 훌훌 털어버리고
끝없는 피로 속에 지친 고단한 몸과 마음에
평온한 휴식을 주기 위해서 여행을 떠나는 것이다.

2025. 5. 3.

하루를 시작하는 기도

하루를 시작하는 기도로
신록의 숲이 되어 오시는 사랑의 주님,
내가 살아 있음으로 또 하루의 새날을 맞아
오늘도 나의 발길에 등불이 되시어
정의로운 길로 가게 인도하소서.

저의 작은 머릿속에 꽉 차 있는 수만 갈래의 생각들도
제 작은 가슴속에 풀잎처럼 돋아나는 느낌들도
오늘은 더 새롭게 삼일 새벽예배를 드리고
주님께 한 발짝 다가서 봅니다.

지금껏 살아오면서 만났던 사람들,
앞으로 만나게 될 사람들을 통해
서로 간에 만남의 소중함을 알게 하시고
삶의 지혜를 깨우쳐 주심에
두 손 모아 감사기도 드립니다.

오늘 하루도 세상 속에서 내가 더러는 오해를 받고
가장 믿었던 사람들로부터 신뢰받지 못하는 쓸쓸함에
눈물 흘리게 되더라도 흔들림 없는 발걸음으로
묵묵히 참을성 있게 여정의 길을 걷게 하소서.

아무리 바쁜 일이 있더라도
여유롭게 하늘을 바라볼 수 있게 하시고

고독의 산을 올라서서 내면이 더욱 자유롭고 풍요로운
주님의 종이 되게 하소서.

다른 사람들로부터 받은 은혜를
극히 작은 것이라 할지라도 모두 기억하게 하시고
제가 아무리 큰 것을 줬다 해도 모두 잊어버릴 수 있는
아름다운 건망증을 제게 주시옵소서.

오늘 하루를 시작하면서 제가 원치 않아도
어느새 돋아나는 고독의 이끼, 욕심 가득한 곰팡이,
교만의 넝쿨들이 참으로 두렵습니다.
하오나 주님,
이러한 저 자신에 대해서도 절망하지 않으며
나의 약점을 장점으로 바꾸어가는 당찬 노력을
게을리하지 않게 하소서.

너무 빠르게 가려 하지도 말고, 너무 느리지도 않게
주님의 뜻을 찾아 기도하는 당신의 종이 되게 하소서.
훗날 제가 이 세상을 떠난 후에도
당신과 함께 영원한 나라에서
영원한 기쁨을 찬양하게 하소서.

예수님의 이름으로 기도드렸사옵니다. 아멘.

2025. 5. 7.

술에서 깨어난 몸이여

이제 겨우 술에서 깨어난 무거운 몸이여
회복이 그리워서 애타도록 간절한 마음에
서둘지 말아라.
한없이 풀어지는 피곤한 마음에도
너는 결코 서둘지 말아라.
목련이 지고 아카시아꽃 피는 오월의 향기에 취해
마음이 들뜨거나 조바심 내지 말고
강물 위에 떨어진 저 보름달처럼
평온한 마음을 간직하라.

아~ 아~ 봄이여, 나의 인생이여
외로움과 고통의 단주 생활,
힘든 삶이 보이는 보름달 환한 밤
아직도 눈을 뜨지 않은 땅속의 애벌레같이
아둔하고 가난한 마음에 서둘지 말아라.
조금 빨리 가려고 애타는 마음에 서둘지 마라.

멀리서 개 짖는 소리 들리고
소쩍새 우는 소리가 슬플지라도
너는 결코 서둘지 말아라.
마음속에 풀리지 않는 문제들에 관하여
인내를 가지고 골치 아픈 그 문제 자체를 사랑하라.
지금 당장 해답을 찾으려 하지 말아라.
그냥 팽개쳐 버리고 모든 것을 받아들이며

살아보는 것이다.

그렇게 세월이 가다 보면 언젠가 머지않은 날
너 자신도 알지 못하는 사이에
고단한 너의 삶이 너에게 해답을 줄 것이다.

산다는 것은 참아내고 가슴으로 조용히 울며
그렇게 늙어 가는 것을
이제야 조금 알 것 같다.

                    2025. 5. 13. 보름달이 환한 새벽에

고통 없는 성장은 없다

무거운 짐을 지고 먼 길을 왔다.
버리고 싶었지만 결코 버려지지 않는 욕심, 욕망, 탐욕
오랜 세월 등짐을 지고 왔다.

나를 내려놓고 비우는 작업은 너무도 힘든 일이었다.
내려놓으면 내려놓을수록 더욱 무거워져 나를 비틀거리게 했고
오랜 세월 지고 있었던 짐들을 모임 속에서 하나씩 내려놓고
오직 하나님을 붙잡고 기도 속에서 살아왔다.

고통이 너무 힘들어서, 삶의 그늘이 너무 추워서
회복하려고 단주를 선택했고
가난한 삶이지만 고통의 짐들을 하나씩 내려놓으면서
한결 가벼워진 발걸음으로
이제는 향기나는 꽃으로 피어나고 있다.

빛이 있으면 그늘이 있고
희망 속에서도 절망의 그늘은 생긴다.
하루하루를 낮은 자세로 겸손하게 살아야 한다.
욕심이 올라오면 그 욕심만큼의 절망의 그늘이 생기는 법이다.
욕심은 욕심을 불러오고 겸손 뒤에는 기쁨과 희망이 찾아온다.

작은 것에 늘 감사하며 가난한 마음으로
기도 속에서 살아야 한다.
많은 것을 잡으려 했지만 하나도 붙잡지 못하고

손가락 사이로 빠져나가 놓쳐버린 것들에 미련을 갖지 말고
나에게 주어진 작은 것들에 감사하자.

한 줌도 안 되는 부족함보다는
잘하고 있는 단주와 신앙생활의 축복을 감사하며 살자.
고통의 세월은 떠나갔다.
앞으로 남은 세월에 감사하며 더욱더 간절한 마음으로
십자가를 붙잡고 모임 속에서 하나님을 섬기면서
함께 갈 것이다.

못 견디게 힘들었던 시간들도
지나고 나면 아름다운 추억이 되고
나의 삶에 버팀목이 되어 나를 지켜줄 것이다.
세월은 흘러도 흔적은 남는 법
고통을 이겨내면 행복한 평온함은 찾아온다.
고통 없는 성장은 없다.

2025. 5. 14.

삶의 희망

포기할 수 있는 것도 아직 살아 있기에
어쩌면 희망의 싹을 키울 수 있다.
힘겹고 허망한 세상에서
앞이 안 보이는 절망과 고독을 이겨내며
가난한 가슴으로 정직하게 살다 보니
아무 문제도 생기지 않고 행복과 더불어 웃음도 찾아왔다.

지나간 일들을 되돌아보면
참으로 애잔하고 안타깝던 삶이었다.
이제부터는 할 수만 있다면 단 하루만이라도
비우고 덜어내며 아름답게 살다가 죽으리라.

지나고 보면 다 헛되고 부질없는 것을
그땐 왜 모르고 살았을까?
절망 속에서 살아가면
세상은 온통 컴컴한 어둠뿐이지만
간절한 소망 속에 집념을 갖고 살다 보면
세상은 찬란하게 빛을 발한다.

내 삶의 가난은 나를 새롭게 태어나게 했고
경제적 부족함은 더 성실하게 살아야 할 이유를
깨닫게 해주었으며, 나를 산산조각 박살낼 것 같았던
절망들은 다시 일어서야 한다는 오기를 일깨워 주었다.

한 잔의 술로 비틀거리며 방황했던
힘들고 고통스럽던 기억들을 잊지 않으려고
떨어지는 굵은 눈물방울을 두 주먹으로 닦으며
오직 단주에 내 목숨을 걸고
다시 살아야겠다는 맹세를 했을 때
뭉클한 용기가 가슴속에서 솟아올랐다.

단주는 내 삶 속에서 희망과 기쁨을 만들어주었고
내일을 향해 전진할 수 있는 큰 힘을 주었다.
어려움이 닥칠 때 술 뒤에 숨고 도망치면
내 삶에 희망은 없다.

절망 속에서 살아가면
세상은 온통 어둠뿐이지만
간절한 소망 속에 단주와 더불어
집념을 갖고 살다 보면
희망의 서광이 비칠 것이다.
숨이 멈추는 날까지 더 멋지게 더 아름답게
내 인생을 만들어 가자.

나는 할 수 있다.
반드시 해낼 것이다.

2025. 5. 17.

봄의 끝자락에서

잔뜩 흐린 잿빛 하늘의 아침입니다.
머물 수 없어 떠나가야만 하는 시간 앞에서
삶이 도망가기 전에 희망찬 마음으로
하루를 열어보려 합니다.

인생을 살아가면서 많은 시간
책상머리에 앉아 글을 써보려 합니다.
때로는 일기 형식으로 넋두리도 늘어놓고
시상이 떠오르면 따뜻한 마음을 전해줄 수 있는
정다운 시 한 편을 쓰고 싶습니다.

어디든지 불어가는 바람처럼 그대의 가슴을
시원하게 해주는 바람 같은 시를 쓰고 싶습니다.
가방끈이 짧아서 문학의 지식은 없지만
많은 시집을 수없이 읽으며 내 가슴에 와닿는
주옥같은 글들을 노트에 수없이 메모해 놓고
한 편의 시를 쓰면서 많은 시간을 보냅니다.

시를 사랑하고 시와 함께 여행을 떠나고
시가 내 마음을 통째로 사로잡아
시와 사랑에 푹 빠져서 아름다운 시를 쓰고 싶습니다

널려 있는 시를 주우려 북한강, 남한강, 소요산 실개천,
무엇보다도 이번 서해안 라이딩 여행은

환상적인 시의 들판과 광활한 바다가
묵은때를 말끔히 씻어줬고 많은 시도 주워 왔습니다.

특히 제주도 라이딩 여행은
쪽빛 제주도 앞바다에 매료되어
가슴에 남아 있던 묵은때를 말끔히 씻어줬고
많은 시도 함께 따라왔습니다.

내 마음에 그리움이 몰려오면
언제든 라이딩 여행을 떠납니다.
뻐꾹새는 보이지 않는데
뻐꾸기 소리 처량하게 들려오고
아카시아꽃은 보이지 않는데 아카시아 꽃향기가
창문 틈새로 나를 불러냅니다.

비가 올 것 같은 흐린 날이지만
나는 또 라이딩 떠날 채비를 해봅니다.

2025. 5. 22.

세월

사는 것이 재미있든 없든 쉬지 않고 움직이며
흘러가는 시간 속을 머물지 못하고 떠나가는 세월

그 시간 속을 내 멋대로 들락거리며
나름대로 무엇인가 이루어 놓은 것이 있는 줄 알았는데
아무것도 남은 것은 없고 애타는 가슴만
먹먹해지도록 아쉽게 떠나가 버렸다.

시간에 쫓겨 열심히 살아보려 했지만
곤두박질치듯 자빠지고 넘어지며 밑바닥을 치고
때론 올라오는 슬픔에 서럽게 울고 견디며
손에 쥔 것을 놓고서야 행복이 찾아와
터질듯한 감사의 물결이 친다.

아팠지만 스치고 지나간 세월 속에 뼈아프게 긁힌 상처들,
조심스럽게 하루씩 단주하는 사이
상처가 치유되면서 무겁고 고단했던 세월의 흔적 속
불행했던 시간들이 아련한 추억으로 남았다.

악착같이 잘살아보겠다고 악으로 깡으로 버텨봤지만
어리석은 생각에 늘 발목이 잡혔다.
그렇게 많은 세월이 흐르며 젊었던 나는 늙었고
흐르는 세월 속에 불안과 긴장이 깃들어도
올곧은 마음을 닦달하며 그나마 글을 쓰며 산다는 것이

얼마나 다행스런 일인가?

지금부터라도 늘 넓은 마음으로
누구나 그럴 수도 있지, 하는 착한 마음으로 살아가면
어렵고 힘들 때도 마음에 여유가 생기며
난 또 잘 이겨낼 것이다.

                                              2025. 6. 1.

성금요일 새벽기도

사랑의 주님,
끊임없이 찾아오는 고통의 시간으로 성찰하고
깨우치는 반성의 기도가 되게 하소서.

주님께서 저를 사랑하는 방법이
고통을 통해 간절히 기도드릴 수 있는 시간을 주셨고
그 기도를 통해 평온함을 유지할 수 있다는 것을
결코 잊지 않게 하옵소서.

끊임없이 저를 쓰러뜨려 주십시오.
주님께서 다시 일으켜 세우기 위해 쓰러뜨리신다는 것을
기도를 통해 이제 아오니 넘어지더라도 다시
일어날 수 없을 정도로 쓰러뜨리지는 말아 주소서.

시시때때로 올라오는 분노에 떨지 않게 하소서.
아무리 내가 합당하고 오해받는 일을 당하더라도
두 주먹 불끈 쥐고 분노하기보다는 회개의 기도를 드리는 것이
현명하다는 것을 깨우치게 하소서.

내게 아픈 상처를 준 사람들도 용서하게 해주소서.
용서할 수 없는 분노가 올라와도 미워하지는 않게 해주소서.
그렇지만 용서할 수 없을 정도로 상처받지는 않게 해주소서.

우리 모두를 위해 십자가에 못 박히시는 고통 속에서도

우리를 다시 살려내신 주님을 닮지 않고서는
내가 감히 누구를 사랑한다고 자랑하지 않게 하옵소서.

성금요일 새벽기도를 통해 가장 깊고 낮은 목소리로
주님을 부르짖는 내가 되게 하소서.
한 번도 제대로 기도를 드리지 못한 것 같은
절망적인 느낌 속에서도 기도를 포기하지 않을 수 있는
믿음과 인내를 주소서.
항상 제 믿음 안에 성령으로 살아계신 주님께서
저와 함께 기도해 주심을 믿습니다.

주여! 주여! 외치면서 회개합니다.
이런 나의 기도도 낡은 운동화 뒤축처럼 닳고 닳아
자꾸 되풀이할 염치도 없지만 아직도 이 기도 없이는
주님께 다가갈 수 없음을 고백하오니 용서하여 주시옵소서.

허영과 교만에 들뜬 나의 마음일랑 모조리 흔들어 없애 주시고
아무리 걸어도 지치지 않는 힘과
아무리 뛰어도 고단치 않는 주님의 성령을 주시옵소서.

빨간 장미꽃이 핏빛으로 불타오르는 유월도 며칠 안 남은
성금요일의 새벽기도를 통해 더 많이 주님만을 섬기면서
더 많이 예수님을 사랑하겠습니다.
내 기도를 들어 주소서.
우리를 위해 다시 부활하신 예수님의 이름으로
기도드렸사옵니다, 아멘.

2025. 6. 27.

비 오는 삼일 새벽기도

주님께 받은 많은 은혜를 믿음으로 돌려드리지 못한
저의 어리석음조차도 사랑의 손으로 잡아주신 주님

비 오는 재의 수요일 새벽기도로 마음의 문을 열고
감사의 기도를 드리기 전에
오늘은 서투르게나마 그동안 고백하지 못했던 회개의 기도로
감추고만 싶었던 많은 잘못들 중 몇 가지라도 고백하면서
아침을 맞고 싶습니다.

모든 일 중에 항상 주님의 일을 먼저 섬기겠다고 하면서도
제 마음은 기도 시간조차도 온전히 봉헌하지 못하고
세상 근심에 매여 사는 습관으로 항상 다 비우지 못하고
늘 조금씩 남겨두는 욕심을 고백합니다.

넓은 아량을 베풀지 못하고 겸손하지 않으며
이기적인 욕심과 개인적 사리사욕을 이기지 못하고
근시안적으로 집착하는 저를 진실로 고백하오니
용서하여 주시옵소서.

항상 여유 시간이 있으면서도 준비성 없이 허둥대는
저를 고백하오니 사소한 일로 좌절하고
자기 연민에 빠져버리는 저를 용서하여 주시옵소서.

이제부터라도 주님과 이웃으로부터 받은

사랑과 용서의 은혜만으로 거듭나게 하시고
감사를 잊지 않고 잃어버렸던 제 마음이 다시금
감사의 날개를 펴고 찬미의 노래를 부르게 하소서.

제 삶의 자리에서 그 누구도 대신 울어줄 수 없는 슬픔과
나 혼자 감당해야 할 몫의 아픔들을 원망하기보다는
유순한 마음으로 받아들이면서 쏟아지는 빗소리를 듣고
더 깊이 고독을 즐길 수 있게 하소서.

제 곁에는 주님이 계시기에
고독 또한 저를 키우는 높은 산이 됩니다.
무수히 살아야 할 모든 날들에도 죽을 때까지
불러야 할 주님을 사모하면서 울부짖는 것은
깊디깊은 제 마음의 샘에서 줄기차게 길어 올리는
신뢰와 사랑으로 주님께 드리는 제 기도의 시작이오니
저의 기도를 받아 주시옵소서. 아멘.

2025. 8. 13.

처서의 기도

선선한 가을이 온다는 오늘
처량하게 들려오는 마지막 매미 울음소리가 새벽을 깨우고
마음의 문을 열어 새벽기도로 변함없는 사랑으로
깨워 주심에 감사드립니다.

일용할 양식과 햇빛과 공기와 바람,
항상 함께 있지만 감사할 줄 모르는 제 주변의
모든 사물과 사람들을 더욱 새로운 눈으로 바라보며
새로운 마음으로 사랑하는 가운데 감사의 마음을 잊지 않고
감사의 기쁨을 거듭 느끼게 하소서.

지금까지 저와 함께했던 모든 사람들,
또한 앞으로 만나게 될 사람들을 통해서
만남의 소중함을 터득하게 하시고 삶의 지혜를
깨우쳐 주심에 다시 한번 감사기도를 드립니다.

오늘 하루의 작은 여정에서 내가 만나는
모든 사람들의 말과 행동을 건성으로 듣지 않게 하시고
대수롭지 않은 표정과 몸짓으로
지혜를 가로막는 일이 없게 하소서.

사랑의 주님!!!
저로 하여금 나 자신을 잘 볼 수 있는 사람이 되게 하소서.
나를 잘 볼 수 있는 사람만이 다른 사람을 잘 볼 수 있고

주님을 잘 섬길 수 있음을 거듭거듭 깨우치게 하소서.
주님만을 사모하면서 흔들림 없는 발걸음으로
산으로 강으로 소박한 꿈을 안고 겸손하게 살아가게 하소서.

오늘 하루의 숲속에서 제가 원치 않아도
어느새 자라나는 우울의 이끼, 욕심의 곰팡이, 교만의 넝쿨들이
뒤돌아서면 무성해져 몹시 두렵습니다.

하오나
그러하오나 주님
이러한 제 자신에 대해서도 쉽게 무너지지 않고
절망하지 않으며 나의 약점을 장점으로 승화시키는
인내와 노력을 게을리하지 않게 하소서.

고추잠자리 나니는 가을이 오면
설악산으로 동해바다로 라이딩하며
꼭 한번 황금 물결치는 가을 들녘을 달리고 싶습니다.
하늘은 점점 높아가고
내 기도는 깊어만 갑니다.

2025. 8. 23.

나는 지금 행복합니다

기적이 일어나는 것이 행운이 아니라
아무 일도 일어나지 않는 것이 축복이고 은혜입니다.

소소한 것에 감사함을 모르면
그때부터 불행이 시작될 것입니다.
누구나 할 것 없이 다 떠나가는 인생인데
작은 것도 놓지 않으려고 욕심내며 발버둥 치는 내 모습
그 무엇을 잡으려 졸렬하게 쫓아다녔는지 모르겠습니다.

살기 버거운 삶일지라도 욕심내지 않고
주어진 삶에 늘 감사하며 살겠습니다.

가진 건 별로 없지만 끼니 걱정하지 않고
헐벗지 않았으니 나는 지금 행복한 사람입니다.
내가 없는 것에도 익숙해졌고
시련과 고통도 시작이 있으면 반드시
끝이 있을 것이라 생각하면서
감당하고 이겨내며 살아왔습니다.

세월은 그새 많이 흘러갔고
삶이 익숙해질 무렵, 황혼이 짙어질 무렵
삶의 여유가 생기기 시작했습니다.

무엇 하나 내 것이 없어도

주어진 것에 감사하며 살렵니다.
인생 뭐 별 거 있나요?
다 거기서 거기인 것을

절망을 이겨낼 수 있는 힘과 용기만 있다면
분명코 밝은 내일이 찾아오고
오늘은 아름다운 추억으로 남을 것입니다.

지고지순하게 살지는 못하더라도
어디 내놔도 당당한 삶을 산다면
나는 지금 행복한 사람입니다.

2025. 10. 13.

2집을 내면서

나는 지금 행복합니다.
이 책을 마무리하기 위해 그동안 수없는 밤을 새워가며 고뇌에 찬 넋두리를 쏟아냈다.

노력하지 않고, 아무것도 하지 않고 잘되는 것은 없다.
1집 <완벽하지 않아도 괜찮아>를 출간하고 나서 많은 아쉬움이 남아 시에 대해 공부하겠다며 수없이 시집을 읽어보고 감성을 살려보려고 노력했다.

세상의 고난과 시련과 풍파들을 체험하면서 그냥 스치고 지나가는 체험이 아니라 내게는 눈물의 시가 되었다.
혼신의 힘을 다해 나의 머릿속을 깨끗하게 비워 버렸다.

구겨지고 상처 많았던 절망의 언덕을 넘어
<나는 지금 행복합니다>를 내놓고 작은 만족감으로 감사할 수 있을 때 행복은 찾아오는 것이다.

저녁노을이 아름답듯이, 가을 단풍이 아름답듯이……
황혼에 나이에도 멋지게 <나는 지금 행복합니다> 시집을 독자들 앞에 서슴없이 내놓는다.

작은 행복에도 감사함을 느낄 때 큰 행복이 찾아오는 것이다.

2025. 11. 1.